Em Comunhão com Deus

Huberto Rohden

TEXTO INTEGRAL

EDITORA AFILIADA

COLEÇÃO A OBRA-PRIMA DE CADA AUTOR

Em Comunhão com Deus

Huberto Rohden

TEXTO INTEGRAL

MARTIN CLARET

CRÉDITOS

© *Copyright* desta edição: Editora Martin Claret, 2008

**IDEALIZAÇÃO E
COORDENAÇÃO**
Martin Claret

CAPA
Ilustração
Via-láctea (detalhe)

MIOLO
Revisão
Durval Cordas

Projeto Gráfico
José Duarte T. de Castro

Direção de Arte
José Duarte T. de Castro

Digitação
Graziella Gatti Leonardo

Editoração Eletrônica
Editora Martin Claret

Fotolitos da Capa
OESP

Papel
Off-Set, 70g/m²

Impressão e Acabamento
Paulus Gráfica

Editora Martin Claret Ltda. – Rua Alegrete, 62 – Bairro Sumaré
CEP: 01254-010 – São Paulo – SP
Tel.: (0xx11) 3672-8144 – Fax: (0xx11) 3673-7146

www.martinclaret.com.br / editorial@martinclaret.com.br
Agradecemos a todos os nossos amigos e colaboradores — pessoas físicas e jurídicas — que deram as condições para que fosse possível a publicação deste livro.

Impresso em 2008.

PALAVRAS DO EDITOR

A história do livro e a coleção "A Obra-Prima de Cada Autor"

MARTIN CLARET

Que é o livro? Para fins estatísticos, na década de 1960, a UNESCO considerou o livro "uma publicação impressa, não periódica, que consta de no mínimo 56 páginas, sem contar as capas".

O livro é um produto industrial.

Mas também é mais do que um simples produto. O primeiro conceito que deveríamos reter é o de que o livro como objeto é o veículo, o suporte de uma informação. O livro é uma das mais revolucionárias invenções do homem.

A *Enciclopédia Abril* (1972), publicada pelo editor e empresário Victor Civita, no verbete "livro" traz concisas e importantes informações sobre a história do livro. A seguir, transcrevemos alguns tópicos desse estudo didático.

O livro na Antiguidade

Antes mesmo que o homem pensasse em utilizar determinados materiais para escrever (como, por exemplo, fibras vegetais e tecidos), as bibliotecas da Antiguidade estavam repletas de textos gravados em tabuinhas de barro cozido. Eram os primeiros "livros", depois progressivamente modificados até chegarem a ser feitos — em grandes tiragens — em papel impresso mecanicamente, proporcionando facilidade de leitura e transporte. Com eles, tornou-se possível, em todas as épocas, transmitir fatos, acontecimentos históricos, descobertas, tratados, códigos ou apenas entretenimento.

Como sua fabricação, a função do livro sofreu enormes modificações dentro das mais diversas sociedades, a ponto de constituir uma mercadoria especial, com técnica, intenção e utilização determinadas. No moderno movimento editorial das chamadas sociedades de consumo, o livro pode ser considerado uma mercadoria cultural, com maior ou menor significado no contexto socioeconômico em que é publicado. Enquanto mercadoria, pode ser comprado, vendido ou trocado. Isso não ocorre, porém, com sua função intrínseca, insubstituível: pode-se dizer que o livro é essencialmente um instrumento cultural de difusão de idéias, transmissão de conceitos, documentação (inclusive fotográfica e iconográfica), entretenimento ou ainda de condensação e acumulação do conhecimento. A palavra escrita venceu o tempo, e o livro conquistou o espaço. Teoricamente, toda a humanidade pode ser atingida por textos que difundem idéias que vão de Sócrates e Horácio a Sartre e McLuhan, de Adolf Hitler a Karl Marx.

Espelho da sociedade

A história do livro confunde-se, em muitos aspectos, com a história da humanidade. Sempre que escolhem frases e temas, e transmitem idéias e conceitos, os escritores estão elegendo o que consideram significativo no momento histórico e cultural que vivem. E, assim, fornecem dados para a análise de sua sociedade. O conteúdo de um livro — aceito, discutido ou refutado socialmente — integra a estrutura intelectual dos grupos sociais.

Nos primeiros tempos, o escritor geralmente vivia em contato direto com seu público, que era formado por uns poucos letrados, já cientes das opiniões, idéias, imaginação e teses do autor, pela própria convivência que tinham com ele. Muitas vezes, mesmo antes de ser redigido o texto, as idéias nele contidas já haviam sido intensamente discutidas pelo escritor e parte de seus leitores. Nessa época, como em várias outras, não se pensava na enorme porcentagem de analfabetos. Até o século XV, o livro servia exclusivamente a uma pequena minoria de sábios e estudiosos que constituíam os círculos intelectuais (confinados aos mosteiros durante o começo da Idade Média) e que tinham acesso às bibliotecas, cheias de manuscritos ricamente ilustrados.

Com o reflorescimento comercial europeu, nos fins do século XIV, burgueses e comerciantes passaram a integrar o mercado livreiro da época. A erudição laicizou-se e o número de escritores aumentou, surgindo também as primeiras obras escritas em línguas que não o latim e o grego (reservadas aos textos clássicos e aos assuntos considerados dignos de atenção). Nos séculos XVI e XVII, surgiram diversas literaturas nacionais, demonstrando, além do florescimento intelectual da época, que a população letrada dos países europeus estava mais capacitada a adquirir obras escritas.

Cultura e comércio

Com o desenvolvimento do sistema de impressão de Gutenberg, a Europa conseguiu dinamizar a fabricação de livros, imprimindo, em cinqüenta anos, cerca de 20 milhões de exemplares para uma população de quase 10 milhões de habitantes, cuja maioria era analfabeta. Para a época, isso significou enorme revolução, demonstrando que a imprensa só se tornou uma realidade diante da necessidade social de ler mais.

Impressos em papel, feitos em cadernos costurados e posteriormente encapados, os livros tornaram-se empreendimento cultural e comercial: os editores passaram logo a se preocupar com melhor apresentação e redução de preços. Tudo isso levou à comercialização do livro. E os livreiros baseavam-se no gosto do público para imprimir, principalmente obras religiosas, novelas, coleções de anedotas, manuais técnicos e receitas.

Mas a porcentagem de leitores não cresceu na mesma proporção que a expansão demográfica mundial. Somente com as modificações socioculturais e econômicas do século XIX — quando o livro começou a ser utilizado também como meio de divulgação dessas modificações e o conhecimento passou a significar uma conquista para o homem, que, segundo se acreditava, poderia ascender socialmente se lesse — houve um relativo aumento no número de leitores, sobretudo na França e na Inglaterra, onde alguns editores passaram a produzir obras completas de autores famosos, a preços baixos. O livro era então interpretado como símbolo de liberdade, conseguida por conquistas culturais. Entretanto, na maioria dos países, não houve nenhuma grande modificação nos índices porcentuais até o fim da Primeira Guerra Mundial (1914/18), quando surgiram as primeiras grandes tiragens de um só livro, principalmente romances, novelas e textos didáticos. O número elevado de cópias, além de baratear o preço da unidade, difundiu ainda mais a literatura. Mesmo assim, a maior parte da população de muitos países continuou distanciada, em parte porque o livro, em si, tinha sido durante muitos séculos considerado objeto raro, atingível somente por um pequeno número de eruditos. A grande massa da população mostrou maior receptividade aos jornais, periódicos e folhetins, mais dinâmicos e atualizados, e acessíveis ao poder aquisitivo da grande maioria. Mas isso não chegou a ameaçar o livro como símbolo cultural de difusão de idéias, como fariam, mais tarde, o rádio, o cinema e a televisão.

O advento das técnicas eletrônicas, o aperfeiçoamento dos métodos fotográficos e a pesquisa de materiais praticamente imperecíveis fazem alguns teóricos da comunicação de massa pensarem em um futuro sem os livros tradicionais (com seu formato quadrado ou retangular, composto de folhas de papel, unidas umas às outras por um dos lados). Seu conteúdo e suas mensagens (racionais ou emocionais) seriam transmitidos por outros meios, como por exemplo microfilmes e fitas gravadas.

A televisão transformaria o mundo todo em uma grande "aldeia" (como afirmou Marshall McLuhan), no momento em que todas as sociedades decretassem sua prioridade em relação aos textos escritos. Mas a palavra escrita dificilmente deixaria de ser considerada uma das mais importantes heranças culturais, entre todos os povos.

Através de toda a sua evolução, o livro sempre pôde ser visto como objeto cultural (manuseável, com forma entendida e interpretada em função de valores plásticos) e símbolo cultural (dotado de conteúdo, entendido e interpretado em função de valores semânticos). As duas maneiras podem fundir-se no pensamento coletivo, como um conjunto orgânico (onde texto e arte se completam, por exemplo, em um livro de arte) ou apenas como um conjunto textual (onde a mensagem escrita vem em primeiro lugar — em um livro de matemática, por exemplo).

A mensagem (racional, prática ou emocional) de um livro é sempre intelectual e pode ser revivida a cada momento. O conteúdo, estático em si, dinamiza-se em função da assimilação das palavras pelo leitor, que pode discuti-las, reafirmá-las, negá-las ou transformá-las. Por isso, o livro pode ser considerado instrumento cultural capaz de libertar informação, sons, imagens, sentimentos e idéias através do tempo e do espaço. A quantidade e a qualidade de idéias colocadas em um texto podem ser aceitas por uma sociedade, ou por ela negadas, quando entram em choque com conceitos ou normas culturalmente admitidos.

Nas sociedades modernas, em que a classe média tende a considerar o livro como sinal de *status* e cultura (erudição), os compradores utilizam-no como símbolo mesmo, desvirtuando suas funções ao transformá-lo em livro-objeto. Mas o livro é, antes de tudo, funcional — seu conteúdo é que lhe dá valor (os livros de ciências, filosofia, religião, artes, história e geografia, que representam cerca de 75% dos títulos publicados anualmente em todo o mundo).

O mundo lê mais

No século XX, o consumo e a produção de livros aumentaram progressivamente. Lançado logo após a Segunda Guerra Mundial (1939/45), quando uma das características principais da edição de um livro eram as capas entreteladas ou cartonadas, o livro de bolso constituiu um grande êxito comercial. As obras — sobretudo *best sellers* publicados algum tempo antes em edições de luxo — passaram a ser impressas em rotativas, como as revistas, e distribuídas nas bancas de jornal. Como as tiragens elevadas permitiam preços muito baixos, essas edições de bolso popularizaram-se e ganharam importância em todo o mundo.

Até 1950, existiam somente livros de bolso destinados a pessoas de baixo poder aquisitivo; a partir de 1955, desenvolveu-se a categoria do livro de bolso "de luxo". As características principais destes últimos eram a abundância de coleções — em 1964 havia mais de duzentas, nos Estados Unidos — e a variedade de títulos, endereçados a um público intelectualmente mais refinado. A essa diversificação das categorias adiciona-se a dos pontos-de-venda, que passaram a abranger, além das bancas de jornal, farmácias, lojas, livrarias, etc. Assim, nos Estados Unidos, o número de títulos publicados em edições de bolso chegou a 35 mil em 1969, representando quase 35% do total dos títulos editados.

Proposta da coleção
"A Obra-Prima de Cada Autor"

"Coleção" é uma palavra há muito tempo dicionarizada e define o conjunto ou reunião de objetos da mesma natureza ou que têm alguma relação entre si. Em um sentido editorial, significa o conjunto não limitado de obras de autores diversos, publicado por uma mesma editora, sob um título geral indicativo de assunto ou área, para atendimento de segmentos definidos do mercado.

A coleção "A Obra-Prima de Cada Autor" corresponde plenamente à definição acima mencionada. Nosso principal objetivo é oferecer, em formato de bolso, a obra mais importante de cada autor, satisfazendo o leitor que procura qualidade.*

Desde os tempos mais remotos existiram coleções de livros. Em Nínive, em Pérgamo e na Anatólia existiam coleções de obras literárias de grande importância cultural. Mas nenhuma delas superou a célebre biblioteca de Alexandria, incendiada em 48 a.C. pelas legiões de Júlio César, quando estas arrasaram a cidade.

A coleção "A Obra-Prima de Cada Autor" é uma série de livros a ser composta por mais de 400 volumes, em formato de bolso, com preço altamente competitivo, e pode ser encontrada em centenas de pontos-de-venda. O critério de seleção dos títulos foi o já estabelecido pela tradição e pela crítica especializada. Em sua maioria, são obras de ficção e filosofia, embora possa haver textos sobre religião, poesia, política, psicologia e obras de auto-ajuda. Inauguram a coleção quatro textos clássicos: *Dom Casmurro*, de Machado de Assis; *O Príncipe*, de Maquiavel; *Mensagem*, de Fernando Pessoa e *O lobo do mar*, de Jack London.

Nossa proposta é fazer uma coleção quantitativamente aberta. A periodicidade é mensal. Editorialmente, sentimo-nos orgulhosos de poder oferecer a coleção "A Obra-Prima de Cada Autor" aos leitores brasileiros. Nós acreditamos na função do livro.

---

* Atendendo a sugestões de leitores, livreiros e professores, a partir de certo número da coleção começamos a publicar, de alguns autores, outras obras além da sua obra-prima.

Advertência

A substituição da tradicional palavra latina *crear* pelo neologismo moderno *criar* é aceitável em nível de cultura primária, porque favorece a alfabetização e dispensa esforço mental — mas não é aceitável em nível de cultura superior, porque deturpa o pensamento.

Crear é a manifestação da Essência em forma de existência — *criar* é a transição de uma existência para outra existência.

O Poder Infinito é o *creador* do Universo — um fazendeiro é um *criador* de gado.

Há entre os homens gênios *creadores*, embora não sejam talvez *criadores*.

A conhecida lei de Lavoisier diz que "na natureza nada se *crea* nada se aniquila, tudo se transforma"; se grafarmos "nada se *crea*", esta lei está certa, mas se escrevemos "nada se *cria*", ela resulta totalmente falsa.

Por isto, preferimos a verdade e clareza do pensamento a quaisquer convenções acadêmicas.

Prefácio dos editores

Na extensa bibliografia de Huberto Rohden, *Em comunhão com Deus* ocupa lugar especial. Poucos autores produziram um texto tão didaticamente voltado para o leitor — ou aluno —, como é o conteúdo deste livro. Rohden revela aqui toda a sua vocação de professor e orientador espiritual. Num estilo simples e despojado de efeitos literários, indica um claro "roteiro do homem para descobrir o Deus do mundo no mundo de Deus".

No início de seu prefácio, ele declara: "A espontânea e permanente comunhão do homem com Deus é o termo final da nossa jornada evolutiva, a mais alta perfeição do ser humano considerado em sua plenitude. Representa a mais profunda felicidade da nossa vida, uma beatitude firme, silenciosa, anônima, de que não fazem idéia os que não a experimentaram pessoalmente". Sem dúvida alguma, um livro útil, que leva à auto-realização humana.

A obra está dividida em duas partes. Na primeira, o autor apresenta várias "colóquios com os homens". São orientações e técnicas espirituais para o encontro com Deus em nós. Os exercícios espirituais cristãos e as técnicas orientais são analisados e interpretados com profunda sabedoria.

Na segunda parte — solilóquios com Deus —, o autor nos fala da sua experiência pessoal com o Deus imanente e transcendente em cada ser humano. Diz ele: "Estes solilóquios não são fórmulas de orações, nem tampouco experiência privativa do autor. Toda e qualquer pessoa profundamente imersa no mundo espiritual experimentará, mais ou menos, o mesmo". São poemas metafísicos de altíssima voltagem espiritual, apresentados para motivar o leitor.

O livro foi escrito logo após o retorno do autor ao Brasil. Rohden havia permanecido cinco anos em Washington, D. C., como professor titular da cadeira de Filosofia e Religiões Comparadas da American

University. O texto da obra foi construído para seus alunos e discípulos brasileiros, ouvintes do curso livre de Filosofia que Rohden ministrava no Centro de Auto-Realização Alvorada, fundado por ele, em São Paulo. O livro esteve esgotado por longo tempo e está 5ª edição atenderá ao desejo de seus alunos e leitores, antigos e mais recentes, de manusear a obra.

Como editores de Rohden, sentimo-nos orgulhosos e gratificados pelo privilégio de poder oferecer aos seus alunos, discípulos e leitores esta nova edição de *Em comunhão com Deus*.

É um livro infinitamente útil. Pode mudar a vida de quem o ler.

Em Comunhão com Deus

Prefácio

A espontânea e permanente comunhão do homem com Deus é o termo final da nossa jornada evolutiva, a mais alta perfeição do ser humano considerado em sua plenitude. Representa a mais profunda felicidade da nossa vida, uma beatitude firme, silenciosa, anônima, de que não fazem idéia os que não a experimentaram pessoalmente. Os únicos homens realmente felizes, através de todos os séculos e milênios, foram os que tinham realizado esse supremo destino de sua vida.

Para o inexperiente, a comunhão com Deus — ou, no dizer da Bíblia e dos místicos, o "andar na presença de Deus" — é incompatível com uma vida normalmente humana e com as atividades profissionais do homem comum; no entender desses inexperientes, quem trata das coisas materiais de cada dia não é homem espiritual, e o homem espiritual não se interessa por estas coisas externas. Por isso, na opinião do inexperiente, um "santo" é um homem imprestável para as coisas do plano geral da vida humana; é um ser anormal que "faz milagres" e que, em vez de trabalhar, se retira à solidão de uma caverna ou por detrás dos muros de um convento, e se põe de joelhos ao pé de um altar, esquecido do mundo dos homens e dos homens do mundo.

Em razão desse antagonismo artificialmente criado entre uma vida de santidade e de trabalho, entre o cristianismo e a vida humana, entre o mundo horizontal da matéria e o universo vertical do espírito é que milhares e milhões de homens não tratam seriamente das coisas espirituais, porque não podem nem querem abandonar ou prejudicar os seus afazeres profissionais.

No Oriente prevalece, em geral, a atitude espiritual sem a atividade material — ao passo que no Ocidente predomina esta sobre aquela.

Não se realizou ainda um perfeito consórcio entre Oriente e Ocidente, entre a mentalidade espiritual do místico e a ideologia material do homem dinâmico. O nosso planeta Terra continua a ser um globo composto de dois hemisférios justapostos um ao outro, sem uma verdadeira interpenetração orgânica e vitalizadora.

Entretanto, é possível esse consórcio, é necessário, ou melhor, é a única atitude que faz do homem aquilo que ele é destinado a ser, no plano fundamental da sua natureza especificamente humana.

O homem material é um infra-homem.
O homem ascético é um semi-homem.
O homem espiritual é um pleni-homem.
O primeiro afirma o mundo, mas nega, ou ignora, a Deus.
O segundo afirma a Deus e nega o mundo.
O terceiro afirma o Deus do mundo e o mundo de Deus.

* * *

Em virtude da nossa evolução histórica, lenta e progressiva, desde o mundo dos "sentidos", através do reino da "inteligência", rumo ao universo do "espírito", é natural que o homem comum, sensório-intelectivo, experimente enorme dificuldade em se integrar no mundo espiritual, que é para ele algo vago, longínquo, imponderável, quase irreal — quando, na realidade, é esse mundo o mais real de todos, ou, a bem dizer, o único mundo plenamente real; pois o espírito é a causa da matéria, ao passo que esta é apenas um dos efeitos do espírito. Ora, a causa — e, neste caso, a Causa Primária, Eterna, Absoluta, que as religiões chamam Deus — é infinitamente mais real do que qualquer um de seus efeitos, ou mesmo a soma total dos efeitos por ela produzidos.

"Objetivamente" considerado, isto é, em si mesmo, é o mundo do espírito incomparavelmente mais real do que o da matéria — embora "subjetivamente", isto é, segundo o nosso modo de conhecer, parece o mundo material muito mais real do que o mundo do espírito. A verdadeira evolução do homem consiste em tornar o mundo do espírito subjetivamente tão real como ele é real objetivamente.

Ora, na medida em que o homem se interna nesse grandioso universo espiritual, mediante a oração e freqüente meditação e a correspondente vida ética, esse mundo se lhe vai tornando cada vez mais concreto, real e palpável, acabando, finalmente, por ser o seu verdadeiro hábitat, o seu clima cotidiano, a sua atmosfera vital de cada dia, ou, no dizer de São Paulo: "A nossa pátria é o céu", ao passo que aqui na terra somos apenas "estranhos e peregrinos".

* * *

No princípio dessa gloriosa jornada rumo ao mundo da realidade espiritual, é natural que o principiante, semi-espiritualizado, sinta uma como que onda de antipatia contra tudo que é material, de tão fascinado que está pelas belezas do cosmos espiritual, que ele apenas adivinha e pressente como longínquo ideal. Tem ímpetos, por vezes, de maldizer todo o mundo material e atribuir a sua origem a algum satanás ou anti-Deus. Crê sinceramente que tanto mais espiritual é o homem quanto menos se ocupa com as coisas materiais.

Aos poucos, porém, na proporção em que vai depurando e intensificando a sua vida espiritual, acaba o homem por se reconciliar com o mundo visível, não no sentido de apostatar dos seus princípios espirituais, mas no sentido de adquirir uma visão mais completa e exata da realidade total. A sua filosofia estreita e unilateral culmina numa visão vasta, panorâmica, onilateral, redimindo-o de todas as ignorâncias e erros. Chega a descobrir aos poucos que, como não existe um mundo sem Deus, assim também não existe um Deus sem o mundo — mas que o Deus do mundo está no mundo de Deus, e que cada átomo e astro desse mundo de Deus é uma revelação do Deus do mundo. Faz então a jubilosa descoberta de que cada coisa material, quando devidamente compreendida, pode servir de canal e veículo para conduzir o homem a Deus, do artefato ao Artífice, da obra ao Obreiro, do raio luminoso ao Foco da luz, das pequeninas ondas do rio ao Oceano imenso, donde essas águas vieram e para onde voltarão.

O homem plenamente espiritualizado, o santo, é ao mesmo tempo um verdadeiro sábio ou filósofo, e também um delicioso poeta, porque descobriu a Verdade absoluta, e esta Verdade, longe de ser algum conceito abstrato e incolor, se transformou, para ele, numa deslumbrante epopéia de vida, beleza e felicidade.

"A verdade é dura como diamante — e delicada como flor de pessegueiro" (Gandhi).

A freqüente e intensa comunhão com Deus não tem outro fim senão o de levar o homem ao âmago da realidade, que é suprema beleza e inefável beatitude.

Por mais difícil que seja, a princípio, essa submersão no oceano da Divindade, esse banho de luz e força em Deus, vale a pena praticá-la, assídua e intensamente, ainda que fosse apenas no último quartel da vida terrestre. Nunca homem algum se arrependeu de a ter praticado, mesmo com resultados apenas parciais; porquanto o menor progresso espiritual vale muito mais do que toda a estagnação no plano material.

* * *

O homem plenamente espiritual, que vive no mundo sem ser do mundo, é o único fator capaz de realizar algo de positivo e benéfico em prol da humanidade. E isso por uma razão muito óbvia e intuitiva: é que esse homem aboliu definitivamente o egoísmo, em todas as suas formas, e por isso já não tem necessidade de olhar, vacilante e incerto, para trás e para todos os lados, com receio de que o bem que tenciona fazer à humanidade possa, talvez, redundar em detrimento de seus interesses pessoais. O egoísta não pode lançar-se corajosamente, de corpo e alma, ao oceano imenso do reino de Deus, às ondas bravias de uma causa comum, porque tem de calcular meticulosamente e especular sagazmente, a ver se este ou aquele serviço que vai prestar a seus semelhantes não venha a ser um desserviço para seus interesses individuais ou à política estreita da sua família ou grupo social. O homem espiritual, porém, está livre desses percalços paralisantes, uma vez que renunciou definitivamente a todo e qualquer interesse individual e se consagrou integralmente à grande causa da humanidade.

Do homem que algo espera do mundo nada pode o mundo esperar — mas do homem que nada espera do mundo tudo pode o mundo esperar.

O egoísta fica desanimado e azedo quando seus trabalhos "altruísticos" não surtem o desejado efeito; queixa-se amargamente, fala em "fracasso", "ingratidão", "falta de sorte", acabando, talvez, por desistir de tudo e vegetar num amargo pessimismo negativo — ao passo que o homem espiritual nada sabe dessas amarguras, filhas de secreto egoísmo, porque trabalha de consciência pura, não para se banhar complacentemente nos agradáveis efeitos do seu trabalho, mas unicamente porque sabe que o que faz é bom em si mesmo, independentemente de quaisquer conseqüências palpáveis. Folga, sim, com resultados visíveis, mas não se entristece nem desanima com a ausência deles, porque, em geral, esses resultados não dependem de sua vontade, mas de circunstâncias externas, alheias ao seu querer ou não-querer.

O homem espiritual não faz depender a sua felicidade de algo que não dependa dele.

Por isso, é só do homem realmente espiritual que o mundo pode esperar melhores dias, porque só esse homem pode trabalhar com 100% de dinamismo realizador; só ele não é escravo de resultados, positivos ou negativos, não sujeitos a seu controle.

Essa gloriosa liberdade, porém, não é um presente de berço que o homem receba gratuitamente, mas é uma esplêndida conquista, o triunfo máximo de uma vida consagrada à verdade redentora.

"Conhecereis a verdade — e a verdade vos libertará" (Jesus, o Cristo).

Ora, sendo Deus a verdade eterna e a suprema liberdade, é só pela íntima união com ele que o homem consegue essa verdade libertadora, que é a quintessência da vida espiritual e dinâmica.

Primeira parte

COLÓQUIOS COM OS HOMENS

Infelicidade inconsciente

A classe mais infeliz de seres humanos é composta dos que ignoram a sua própria infelicidade. São os profanos absolutos, os analfabetos integrais da espiritualidade. Os que vivem, ou antes vegetam, ao sabor das impressões meramente sensitivas, como centenas de milênios atrás, quando o ancestral do homem, o infra-homem, não sabia usar ainda a faculdade superior que o distingue do mundo irracional — embora essa faculdade já se achasse, em estado potencial, nas profundezas do seu ser.

A maior parte dos homens que vive ainda no plano puramente sensório serve-se da sua inteligência unicamente para alargar e intensificar as satisfações orgânicas; praticamente, não ultrapassa as estreitas barreiras da matéria; nada enxerga para além dessas fronteiras. Quando alguém lhes fala de um mundo ultra-sensível, ficam a olhá-lo estupidamente, sem nada compreender. Alguns deles consideram o homem espiritual como um pobre iludido, caçador de miragens e sonhador de quimeras. Outros têm-no em conta de hipócrita que quer dar-se uns ares de importância perante a turbamulta dos materialistas e agnósticos. Outros ainda admiram o homem espiritual como um "idealista", mas cujas idéias e ideais não devam ser tomados a sério, uma vez que, no entender deles, são inaplicáveis à vida real; perdoam ao idealista a "fraqueza" de se refugiar num mundo de sonhos e ilusões, já que o mundo da crua realidade o tratou com tanta dureza e lhe pôs a alma em chaga viva.

Esses profanos são profundamente infelizes, precisamente porque nem ao menos suspeitam a sua infelicidade. O mais deplorável dos doentes é aquele que ignora a sua doença, ou até a considera como estado normal de perfeita saúde. O mais deplorável dos cegos é aqueles que tem a sua cegueira em conta de visão. O mais deplorável dos profanos é aquele que considera a sua ignorância como a quintessência da sabedoria da vida. A sua "felicidade" não é senão o fruto da sua horrorosa obtusidade espiritual. É preferível a mais dolorosa infelicidade do homem pensante a essa horripilante felicidade do homem que nunca pensou...

Infelicidade consciente

E ntretanto, cedo ou tarde, o profano tem de sair do estreito casulo da sua feliz ignorância e entrar na zona vastíssima do pensamento e da experiência real. Poucos homens conseguem manter através da vida inteira esse paraíso tranqüilo embalado numa ignorância absoluta e integral. A maior parte dos homens normais começa a refletir sobre o "de onde", o "para onde" e o "porquê" do mundo e da vida humana — e toda a reflexão destrói, total ou parcialmente, o edifício do agnosticismo, e, com o desmoronar dos muros do castelo, lá se foi a paz da alma e a tranqüilidade do espírito!...

Quanto mais o homem pensa tanto menos sorri, porque todo o pensar gera pesar, e toda a introspecção cria insatisfação... Na zona dos pensamentos puramente intelectuais há poucos ridores — como os há para aquém e para além dessa zona. É que a região do pensamento intelectual é a região dos problemas, e onde há problemas há muitas lágrimas e pouco sorriso.

De maneira que o profano que pensa é, geralmente, um homem conscientemente infeliz — assim como o profano que não pensa é inconscientemente infeliz.

Entretanto, o sentimento da infelicidade é um veneno roaz, que ninguém suporta, indene, por muito tempo. Por isso, o infeliz procura felicidade em mil e mil derivativos, narcóticos, intoxicantes e expedientes de todo gênero. E há tantas coisas e coisinhas interessantes e divertidas, no vasto âmbito do mundo circunjacente... Para o menos exigente, há os prazeres fáceis dos sentidos — e quão grande é a sua variedade e prepotência! Que delícias no plano do comer, do beber e do sexo! Para outros, que excitantes aventuras nas especulações financeiras, nos trabalhos comerciais, industriais, científicos, sociais! Que inebriante sedução às mesas de jogo e nos bastidores da política! Que suaves carícias nos causam as auras tépidas da fama, dos elogios, da celebridade! E quão fascinantes são, para muitos, as viagens a terras longínquas e a povos desconhecidos!

De maneira que não faltam ao homem que não tolere o vácuo do próprio Ego ensejos de encontrar plenitudes fora de si mesmo e camuflar com as riquezas externas a pobreza do seu interior. Nessa permanente fuga diante de si mesmo encontram muitos profanos conscientemente infelizes um *ersatz*, um sub-rogado, pela felicidade que lhes falta. Embora essas coisas externas não os façam, propriamente, felizes, pelo menos lhes diminuem e suavizam, temporariamente, a consciência da infelicidade — e a pobre criança de sua alma, soluçando por algo que ignora, acalma, por momentos, a sua dolorosa nostalgia e inquietude metafísica...

* * *

Alguns desses profanos pensantes lançam mão de outro expediente para fugir das secretas torturas da sua profunda infelicidade: arremetem furiosamente contra o próprio objeto desse mal-estar, investem contra a causa do mesmo, procuram quebrar de vez o ominoso espelho em que esse horripilante monstro da inquietude metafísica mostra a sua feia carranca. A exemplo de Voltaire, propõem-se a provar, se não com argumentos acadêmicos, ao menos com gargalhadas de cinismo, que Deus não existe e que a vida eterna é um mito. Como a avestruz no deserto — que, segundo dizem, quando perseguida pelo caçador esconde a cabeça debaixo de areia, julgando não ser vista por quem ela não vê —, tentam esses profanos insinceros provar a não-existência daquilo que os torna tão infelizes; pois, uma vez provado o caráter fictício e irreal da *causa* do mal, segue-se que também os *efeitos* não passam de simples ficção e alucinação.

É deveras notável até que ponto possa um homem acreditar na "verdade" das suas próprias mentiras, quando corajosas e indefinidamente repetidas! Uma afirmação que, da primeira vez, lhe era 100% falsa, depois da centésima repetição acaba por lhe parecer 50% verdadeira, e depois da milésima ou milionésima repetição adquire foros de 100% verdadeira — tamanha é a força da auto-sugestão, sobretudo quando a serviço de uma imperiosa necessidade moral!

A mais difícil das coisas difíceis é a sinceridade para conosco mesmos — e a falta dessa auto-sinceridade é a razão por que há tão poucos homens realmente espirituais. Procuramos mil e uma evasivas e subterfúgios, desde os mais sérios até os mais ridículos, para não aceitar a verdade sobre nós mesmos — por quê? Porque a aceitação real e prática dessa verdade implica algo parecido com uma dolorosa intervenção cirúrgica nos tecidos vivos do nosso próprio Eu — e ninguém gosta de ser operado...

Digamo-lo desde já: o início de uma vida de comunhão com Deus é indizivelmente doloroso e tremendamente difícil; é uma "porta estreita" e um "caminho apertado"; é uma "morte" — "se o grão de trigo não morrer"... (Jesus); e até uma "morte cotidiana" — "pelo regozijo que tenho em Cristo Jesus, protesto que morro todos os dias" (Paulo de Tarso). Disto sabem todos os grandes iniciados, esses homens integralmente sinceros consigo mesmos.

O profano, porém, não é assaz corajoso para arrostar a verdade sobre si mesmo — a verdade redentora que o levaria das trevas à luz, através dos sofrimentos do Gólgota às glórias da ressurreição.

Nunca existiu um só homem profano que, de consciência tranqüila, pudesse afirma "sou feliz", porque, afinal de contas, é verdade o que um deles, depois da sua conversão, escreveu, como locutor de milhões de outros: "Fizeste-nos para ti, Senhor, e inquieto está o nosso coração até que encontre quietação em ti"...

Felicidade consciente

Sendo que tanto o profano que não pensa como o profano que pensa são infelizes, consciente ou inconscientemente. resolveram milhares de homens sinceros aplicar remédio radical à moléstia, fugindo do mundo, que eles consideram como a causa e sede de infelicidade. Descobriram que a infelicidade provém do "desejo" de possuir o que não se tem, ou do "medo" de perder o que se possui; logicamente, a felicidade deve consistir no contrário, isto é, em não desejar possuir coisa alguma, ou, quando se possui algo, em renunciar a essa posse. Numa palavra: não possuir nada nem desejar possuir algo equivale a ser plenamente feliz, segundo a ideologia ascética. Destarte, nasceu a legião dos austeros desertores do mundo, surgiram os discípulos de Diógenes, e ala esquerda dos estóicos, os budistas, Santo Antão na sua caverna, São Simão Estilites na sua coluna, todos os ascetas e esqueletos ambulantes, todos os sórdidos maltrapilhos da renúncia radical e absoluta.

Entretanto, por maior que seja a sinceridade desses negadores do mundo, nenhum deles solveu o problemas central da vida; todos eles se contentaram em contorná-lo e camuflá-lo habilmente. O homem pensante não se satisfaz com negações e fugidas; quer saber por que é que este mundo é tão mau e causa perene da humana infelicidade. Que é, afinal de contas, o mundo? Não é obra de Deus? Mas, se Deus é bom, integralmente bom, o *Summum Bonum*, como pode uma parte da sua obra ser má? Como pode o Bem Absoluto produzir algum mal, e tão grande mal? Como pode o homem tornar-se mau e profundamente infeliz, pelo fato de usar algo que o Deus infinitamente bom criou, sustenta e ama com perene amor? Por que não poderia o homem amar o que Deus ama? Por que devo eu desamar e odiar um objeto do amor divino?...

Todo desertor do mundo, por motivo ético, é, logicamente, um secreto negador do monoteísmo, e até ateísta, por mais que ele negue o fato. Admite tacitamente, com Zaratustra e outros dualistas, dois princípios creadores: AhuraMazda, o deus da luz, e Ahriman, o deus das trevas. Atribui, implicitamente, a origem do mundo material ao poder de um anti-Deus, de um "satã" (que quer dizer "adversário").

Por isso, segundo essa filosofia dualista, o homem se aproxima de Deus na razão direta em que se afasta do mundo — e, inversamente, se afasta de Deus na proporção em que se aproxima do mundo.

Das duas, uma: 1) ou o mundo material não tem autor, é auto-existente e autônomo, o que quer dizer que o mundo é Deus, 2) ou tem autor mau, como o próprio mundo, e neste caso renunciamos ao monoteísmo, e, em última análise, ao próprio teísmo, professando ateísmo.

É, por conseguinte, inevitável admitir que o mundo material seja obra do mesmo Deus que criou o mundo espiritual, e que seja intrinsecamente bom, uma vez que de uma causa creadora integralmente boa não podia provir um efeito essencialmente mau.

A tal "maldade" atribuída ao mundo certamente não está nesse "objeto", mas, sim, no "sujeito", no homem, que do mundo bom faz uso mau. Ora, o "mau uso", ou abuso, não é neutralizado pelo "não-uso", mas, sim, pelo "bom uso". O mais fácil e mais comum desses três usos é o mau uso; mais difícil é o não-uso; dificílimo é o bom uso das coisas do mundo. O homem perfeito, o verdadeiro iniciado no reino de Deus, é mestre e consumado artista no uso correto do mundo de Deus, fazendo dele um meio e veículo para chegar ao Deus do mundo.

Na teologia ocidental tem prevalecido, e continua a prevalecer, geralmente, o dualismo filosófico-religioso; o judaísmo, o cristianismo e o islamismo, essas três religiões mais praticadas no Ocidente e no Oriente Próximo, são essencialmente dualistas — embora Jesus Cristo, o iniciador do cristianismo histórico, não possa ser invocado como dualista.

Não pode haver verdadeiro monoteísta que não seja monista, ou unista, quer dizer, que admita um único princípio absoluto, eterno, universal, causa creadora e força sustentadora de todas as coisas. Ora, sendo que o mesmo princípio creador que produziu o mundo espiritual produziu também o mundo material, segue-se que a matéria não é contrária ao espírito, e o homem, para ser espiritual, não necessita de desertar da matéria, mas usá-la em conformidade com a vontade de Deus. Segue-se, outrossim, que o homem pode encontrar a Deus dentro e por intermédio de cada uma de suas creaturas, assim como encontramos o foco solar seguindo a trajetória do raio solar que dele irradiou.

* * *

Entretanto, para evitarmos funestos mal-entendidos, queremos frisar que a deserção do mundo material é, geralmente, para o escravo da matéria, o único meio para ingressar no mundo espiritual — e é fato inegável que a maior parte dos homens é escravizada pelas impressões materiais, necessitando, antes de tudo, um movimento radical em sentido diametralmente oposto, isto é, a completa renúncia ao mundo material. Há pouquíssimos homens que, na verdade, possuem aquilo que dizem ou parecem possuir; muitos deles vivem em perpétua ilusão, cuidando possuir determinados bens externos, quando, de fato, são eles possuídos, como acontecia com aquele jovem rico do Evangelho, que, em face do convite de se despossuir daquilo que julgava possuir, mas de que era possuído e possesso, se retirou triste e pesaroso. Pudera, não! Se jamais alguém teve motivo para tristeza e pesar, foi esse jovem, porque não há coisa mais triste do que ser possuído daquilo que se devia possuir, e, ainda por cima, viver na ilusão de ser um possuidor. É horroroso não ter força para possuir suas posses com "pobreza pelo espírito" e "pureza de coração", isto é, com verdadeira liberdade interior.

É fácil ser possuído da matéria — milhares o são.

É difícil renunciar aos bens materiais — poucos o conseguem plenamente.

É dificílimo possuir coisas externas sem ser por elas possuído — pouquíssimo são os gênios do mundo espiritual que conhecem e praticam essa arte das artes.

É por isso que o divino Mestre, o grande vidente da força e fraqueza de cada homem, aconselhava geralmente a seus seguidores a completa renúncia como passo inicial rumo ao reino de Deus.

* * *

Ora, o triunfo máximo da verdadeira meditação, da genuína comunhão com Deus, está na consecução dessa perfeita liberdade interior, no meio do mundo exterior. É essa a "gloriosa liberdade dos filhos de Deus".

Mesmo humanamente falando, pode-se dizer que não existe sobre a face da terra maior satisfação, mais pura, mais profunda e intensa alegria, mais inefável beatitude do que essa certeza íntima da perfeita libertação de todas as peias e algemas do mundo circunjacente e do próprio Ego escravizante. O verdadeiro iniciado sabe que nada tem que temer de inimigo algum, porque, pelo conhecimento da verdade libertadora, derrotou definitivamente todos os seus inimigos. E essa experiência direta e imediata da soberania da alma, da onipotência do espírito, infunde ao iniciado tamanha tranqüilidade interior, tão profunda paz d'alma, tão silenciosa delícia, tão indizível júbilo, que nada existe no mundo profano que de longe sequer se possa comparar com essa felicidade. Os mais intensos prazeres dos profanos são insípidas e grosseiras vagens de porcos quando postos em paralelo com a dulcíssima iguaria que a perfeita libertação interior oferece aos verdadeiros filhos de Deus.

Se o profano, por um só instante, experimentasse o que é essa liberdade interior, sentir-se-ia tão profundamente infeliz no meio de todas as suas "felicidades" que procuraria por todos os meios adquirir essa "pérola preciosa", esse "tesouro oculto", ainda que, para consegui-lo, tivesse de sacrificar o mundo inteiro e viajar até os confins do universo. Entretanto, como o profano — precisamente por ser profano — nada sabe desse universo de divina felicidade, continua a viver na treva ou penumbra dos seus primitivos prazeres, que apelida sua "felicidade", chegando, por vezes, ao extremo de deplorar a sorte do homem espiritual, que, no entender dele, leva uma vida tristonha, monótona e descolorida.

Disse a lagarta à borboleta: por que não abandonas esses espaços vazios e essas flores sem graça, e vens gozar das folhas de couve que eu saboreio?

Disse o sapo à águia: que estás a fazer nessas alturas monótonas — quando eu vivo neste magnífico charco?

Disse o suíno ao filho pródigo converso a banquetear-se por entre luzes e músicas: por que não comes das minhas vagens deliciosas em vez desses manjares insípidos na casa paterna?

Rumo ao mundo espiritual

O homem é o ser que mais alto grau de consciência atingiu sobre a face do nosso planeta. Ultrapassou o estágio ínfimo do "mineral", cuja consciência é mínima, meramente mecânica, de simples atração e repulsão. Atravessou a zona "vegetativa" da planta, que está um pouco acima do mineral. Deixou atrás de si o plano "sensitivo" do animal, cuja consciência é notavelmente superior à da planta. O homem, na sua jornada ascensional, entrou no mundo da "serpente", quer dizer, da "inteligência" ou consciência individual, que poderíamos chamar egoconsciência. Esse último estágio capacitou o homem a distinguir entre o bem e o mal e torna-o eticamente responsável por seus atos conscientes. O grosso da humanidade encontra-se atualmente nesse nível de evolução intelectual — mas não é esse o termo definitivo da sua evolução. O homem é um viajor do infinito, um cidadão do universo, um filho de Deus.

O livro do *Gênesis*, depois de se referir simbolicamente ao "Éden" ou "paraíso terrestre", isto é, à natureza em que o homem primitivo vivia, dotado apenas de consciência mineral-vegetativa-sensitiva, refere como o homem cruzou a fronteira desses reinos inferiores e, "comendo do fruto da árvore do conhecimento", invadiu o mundo da "serpente" ou de "lúcifer" ("porta-luz", inteligência). Depois de mencionar esses estágios evolutivos, o *Gênesis* diz que o homem ouviu dentro de si uma voz que lhe dizia que do seu próprio ser nasceria alguém que esmagaria a cabeça da serpente, mas que esta armaria ciladas ao calcanhar do vencedor. Quer dizer que, das profundezas da natureza humana, já intelectualizada, surgiria um poder maior que a inteligência, ou consciência individual; a "serpente", o "lúcifer" do intelecto primitivo, unilateral e, por isso mesmo, egoístico e pecável, seria superado por uma potência ultra-serpentina, ultraluciferina, ultra-intelectual — pela "consciência espiritual", pela serpente enaltecida, no dizer do próprio Cristo, a mais gloriosa encarnação desse consciência universal que o mundo conhece. O Adi-Aham — antiquíssima grafia sânscrita para Adam, isto é, o "primeiro (*adi*) ego (*aham*)", o primeiro ser egoconsciente — assistiria, um dia, ao despertar do Cristo interno, do "reino de Deus dentro dele". O Cristo eterno e onipresente, o *"Logos* que no princípio estava com Deus e que era Deus", dormente no homem, como na barquinha de Pedro, em plena travessia do lago tempestuoso, acordaria na consciência humana quando despontasse a grande alvorada espiritual. O homem mineral-vegetal-sensitivo-intelectual passaria a integrar todas essas perfeições (note bem: "integrar", e não "extinguir"!) na perfeição superior de um mundo incomparavelmente mais vasto e profundo, o universo espiritual.

Jesus, a mais deslumbrante encarnação do Cristo Cósmico, compara-se a si mesmo com a "serpente enaltecida", isto é, com a consciência espiritual, própria do "filho do Homem", do homem por excelência, do pleni-homem. E se algum homem ferido pela serpente rastejante da consciência individual, egoística, pecadora, se entregar com fé e inteira confiança à consciência espiritual da "serpente enaltecida", do Emanuel, do Cristo inteiro, esse Cristo acordará na alma humana e dará ordem aos ventos e às águas — e far-se-á grande bonança na vida humana, e logo o homem se verá chegado à praia longínqua que demandava...

Todos nós, mordidos pela serpente rastejante da consciências personal e pecadora, seremos curados pela consciência universal da serpente sublimada. O Cristo já está em nós, como que "concebido", mas ainda não "nascido"; anda como que em gestação, em viagem, rumo a Belém, a gloriosa Belém do nascimento da consciência divina, ou, no dizer do Mestre, o "renascimento pelo espírito". O Cristo dormente surgirá do nosso íntimo, porque ele é "a luz dos homens que ilumina a todo homem que vem a este mundo" e "nele está a vida", a vida que nos dá "o poder de nos tornarmos filhos de Deus". Uma vez que o "reino de Deus está dentro de nós", devemos orar sem cessar "venha o teu reino", porque esse reino vem de dentro e não de fora; não vem "com observâncias externas", mas vem da "vidência interna". O reino de Deus não poderia vir se não estivesse já presente em nós. Agora ele está em nós ainda não manifestado — algum dia estará em nós manifestado. E é então que nós estaremos nele e o veremos com meridiana claridade e inefável beatitude.

A meditação freqüente e intensa não tem outro fim senão revelar em nós o reino de Deus latente. Ultrapassamos diversos estágios evolutivos, inferiores, e estamos agora em face do grau supremo de evolução, para dentro do luminoso cosmos do espírito divino, que é compreensão, amor e felicidade que excede toda a compreensão.

Até o modo de ser e agir de todos os seres do universo indica esse curso de evolução da sua consciência gradual.

O "mineral" acha-se totalmente escravizado pelas forças mecânicas, pela gravitação terrestre; não tem, a bem dizer, atitude, dominado como é pelas potências da atração e repulsão material.

A "planta", embora imovelmente radicada na terra, donde não pode sair, e da qual tira a sua nutrição, contudo já revela uma ligeira tendência a fugir dessa escravidão primitiva, lutando contra a pesada gravitação mineral, erguendo à luz solar as folhas e dela recebendo o que a terra não lhe podia dar; o "sal da terra", que a planta suga com as raízes, é completado pelo "sol do céu", que ela inala pelos grânulos verdes da misteriosa clorofila das folhas, e, da combinação do sal e do sol, a planta produz a estupenda maravilha da vida.

O "animal", por seu turno, dotado de movimento autônomo, é a primeira tentativa avançada de se emancipar do solo e da gravitação terrestre. Entretanto, a sua própria atitude física, horizontal, indica que essa emancipação não foi atingida total, senão apenas parcialmente; o animal, com o seu porte horizontal, perfez apenas 45 graus do semicírculo que o levaria à posição vertical.

O "homem", porém, com seu porte ereto, vertical, completou o círculo da evolução terrestre, apontando com a cabeça para as regiões da luz cósmica, donde lhe vem a completa e definitiva libertação da gravitação material. Também está provado que a parte superior do nosso cérebro representa a extrema fronteira do mundo material e o ponto de contato com o mundo espiritual e que nessa parte do nosso Eu reside a mais intensa consciência cósmica ou divina do homem; é ela a misteriosa "flor de lótus de mil pétalas", como a chamam os iniciados do Oriente, o "olho simples" do divino Mestre. Por vezes, esse mundo espiritual se revela em forma de um halo de luz emanando da parte superior do cérebro e cingindo a cabeça toda, e, por vezes, o corpo inteiro da pessoa.

Todo esse processo evolutivo do homem perfeito vem

esplendidamente simbolizando pela flor de lótus que, em algumas partes do mundo, representa esse fato: as raízes dessa planta estão presas nas escuras e lodosas baixadas da terra, no leito de algum lago ou rio; a haste, subindo das raízes, lança-se através do elemento líquido da água, em demanda das luminosas e tépidas alturas que adivinha para além da superfície das águas; finalmente, a própria flor desdobra os seus imaculados esplendores nas regiões etéreas do ar, onde a luz do sol a ilumina e lhe confere imortalidade e vida eterna.

A meditação, como dizíamos, não tem outro fim senão o de revelar ao homem a sua verdadeira e definitiva natureza, que não é mineral, nem vegetal, nem sensitiva, nem intelectual, mas espiritual, divina. Deve o homem ultrapassar as diversas zonas do erro ou das semiverdades sobre si mesmo, e atingir as regiões da pleniverdade sobre seu Eu divino e eterno. A prática da meditação ou comunhão com Deus é, pois, um processo de "auto-realização" ou "autodescobrimento", quer dizer, um trabalho de "supremo realismo", e não de nevoento idealismo, como pensam certos profanos. Meditar não é fugir da realidade, mas é entrar bem para o coração da realidade, não dessas pseudo ou semi-realidades periféricas do mundo físico-mental, mas da pleni-realidade central do mundo espiritual-divino. A meditação faz do homem semi-realista um homem pleni-realista. Quanto mais realista é o homem, tanto mais divino é ele, uma vez que Deus é a suprema Realidade. Na razão direta em que o homem se aproxima de Deus aproxima-se ele do próprio Eu. Teo-realização é igual a auto-realização. *"Noverim te, ut noverim me!"* (Conheça eu a ti, meu Deus, para que me conheça a mim) — é nessas palavras brevíssimas e imensas que um dos maiores iniciados cristaliza mais de meio século de experiência sobre Deus e sobre si mesmo: conhecer a Deus é conhecer a si mesmo; como ignorar a Deus é ignorar a si mesmo.

Do conhecimento de Deus e do Eu segue-se, como corolário imediato, o conhecimento do mundo, obra de Deus. Essa grande trindade — Deus, homem, mundo — aparece como uma vasta unidade cósmica, na vida de todo homem espiritual. Conhecer e amar a Deus é conhecer e amar os homens, e é também conhecer e amar o mundo de Deus no Deus do mundo.

A maior parte dos homens do presente possui apenas ligeiros rudimentos da consciência espiritual, consciência essa que neles é tão fraca e pálida que, praticamente, não exerce influência decisiva sobre a vida cotidiana. Basta ler os títulos de qualquer jornal ou revista dos nossos dias, ir a um cinema, percorrer a produção literária da época, ouvir as conversas usuais das ruas e dos salões, assistir a essa vergonhosa venalidade e corrupção política e administrativa, presenciar a incessante lufa-lufa do homem comum para agarrar e segurar firmemente uns farrapos maiores ou menores do mundo material, sobretudo quando representado em imundos retângulos de papel estampados na Casa da Moeda — basta ver e ouvir tudo isso para verificar que a consciência físico-mental do comum dos homens é de 99% ou mais, ao passo que a sua consciência espiritual não chega a 1% de realidade. É matematicamente claro que, enquanto a consciência espiritual — que revela altruísmo e amor universal — não subir de grau, não pode haver melhora real na sociedade humana, porque essa sociedade não é senão a soma dos indivíduos que a compõem.

A consciência espiritual do composto social equivale à consciência espiritual de todos os componentes individuais. Por isso, Jesus e os outros grandes iniciados do reino de Deus nunca falaram em "regeneração social", mas única e exclusivamente em "conversão individual": eles eram por demais avançados no mundo da verdade absoluta para dizerem semelhantes puerilidades como os nossos "reformadores sociais" estão exibindo a cada passo, mesmo sem saberem da sua própria insipiência. Não digo que não devamos também acatar essas medidas e paliativos de ordem inferior, não espiritual; devemos, sim, acatá-los, para evitar males maiores, assim como um doente com o corpo coberto de chagas também aceita as cataplasmas e as pomadinhas lenitivas que algum charlatão bem-intencionado lhe aplique à epiderme — mas não sucumbamos à ilusão funesta de que essas pomadinhas e lenitivos externos sejam remédio radical, que produzem uma cura real de que o organismo necessita. O mal não está nessas chagas da superfície, que não passam de sintomas visíveis de uma causa invisível; o mal está no sangue impuro, envenenado, do indivíduo. E esse sangue impuro se chama egoísmo, egocentrismo, egolatria, idolatria do Ego físico-mental.

Mas como posso livrar-me dessa idolatria do Ego, raiz de todos os males do homem e da humanidade?

Meu amigo, acredita-me, tu não podes libertar-te dessa horrível idolatria do teu Ego físico-mental enquanto não descobrires em ti outra realidade superior, ultrafísica, ultra-intelectual, enquanto não descobrires o teu verdadeiro Eu espiritual, eterno, divino — o Cristo interno, o reino de Deus dentro de ti, a tua alma, imagem e semelhança de Deus.

O Deus do universo é o Deus de tua alma. Mas não podes adorar o Deus do universo enquanto não adorares o Deus de tua alma em tua alma. O ponto de contato com Deus não é lá fora, na lua, no sol, na estratosfera, nem em alguma via-láctea do universo — o ponto de contato com Deus é dentro de ti, no foco do teu Eu, no centro de tua alma. Mas como queres adorar a Deus dentro de tua alma, se essa alma é um grande X, um fator incógnito, uma tenebrosa vacuidade, um nada experiencial? É relativamente fácil realizar viagens "centrífugas", e não há dúvida de que o homem altamente intelectualizado fará viagens à lua, aos planetas e, possivelmente, aos outros sistemas solares do cosmos — tudo isso é relativamente fácil em comparação com a viagem "centrípeta", para dentro de si mesmo, que o homem deve realizar se quiser ser um pleni-homem. Tão difícil é essa viagem, para o centro divino dentro do próprio Eu, que, ao que sabemos, apenas um único ser humano a realizou plenamente, a ponto de poder dizer: "Eu e o Pai somos um".

Ora, enquanto o homem não realizar essa viagem e descobrir o seu verdadeiro Eu espiritual, será sempre um viajor de periferias, um adorador do mundo da matéria e do intelecto, isto é, um egoísta, um pecador; e uma sociedade de egoístas será sempre uma sociedade infernal, ainda que as chamas desse inferno social sejam, temporariamente, abafadas por leis e medidas coercitivas — a brasa viva do egoísmo continua a minar debaixo das cinzas externas da coação, à espera de uma nova erupção, pior que as outras. Essa trégua de aparente altruísmo é apenas a véspera de uma nova ofensiva de egoísmo, do egoísmo latente que romperá em egoísmo manifesto. A humanidade, mesmo que não tenha guerra aberta, não tem paz, senão apenas guerra latente, enquanto o homem não passar pelo processo profundo e definitivo de uma verdadeira conversão, de uma real metanóia, como diz o texto grego do Novo Testamento, isto é, literalmente, de uma "trans-mentalização" (*metá*, trans — *noia*, derivado de *nous*, mente); quer dizer que o homem convertido é um homem que ultrapassou a própria mente, e para além das fronteiras externas da mente, e de todo o mundo físico-mental, descobriu o espírito, a alma, o seu verdadeiro Eu. "Entrou para dentro de si mesmo", como o Evangelho original diz do filho pródigo feito pastor de suínos; antes dessa entrada para o verdadeiro Eu tinha esse jovem andado, anos inteiros, num círculo vicioso ao redor de si, pelas camadas externas e periféricas do Eu, identificando-se com o Ego físico e o Ego mental. Mas, assim que entrou para dentro do seu verdadeiro Eu espiritual, assim que realizou essa grande metanóia, essa redentora "trans-mentalização", voltou à casa paterna, e houve grande alegria e grandes solenidades para comemorar tão estupendo acontecimento.

Amigo que lês estas palavras: acaba, finalmente, de traçar esse eterno círculo vicioso ao redor do teu pseudo-Eu; abandona esses planos externos, onde estás a marcar passo há vinte, trinta, cinqüenta anos, como esquilo dentro da sua gaiola girante; traça, finalmente, uma linha reta da periferia do teu pseudo-Eu para o centro do teu verdadeiro Eu — e saberás o que é Deus, o que é o reino de Deus, o que é o Cristo, o que é a vida eterna — saberás o que és tu mesmo, e esse novo saber te encherá de tamanha felicidade que só terás um único desejo: o de ser bom, incondicionalmente bom, universalmente bom, jubilosamente bom. E, algum dia, quando voltares a atenção para os mil problemas da tua vida anterior, verificarás que esses problemas já não existem, foram todos solvidos em raiz pelo fato profundo da tua conversão; porque é pura ignorância e confusão falar em problemas, quando existe um só problema: o problema máximo e único homem-Deus. Uma vez que o homem solveu esse problema da sua relação com Deus, estão solvidos todos os pequenos problemas dele derivados, ou, pelo menos, se acham em via de solução e serão satisfatoriamente solvidos; é simples questão de tempo. Basta que o homem "procure o reino de Deus e sua justiça" e verá que "todas as outras coisas lhe serão dadas de acréscimo". Essas palavras do Mestre, que aos analfabetos do espírito parecem remontado e impraticável idealismo, são, para o homem espiritual, a expressão do mais radical realismo, a única coisa realmente prática para melhorar a vida do homem e da humanidade.

Amigo, nem eu nem ninguém te pode "ensinar" o mundo espiritual, que não é "ensinável"; o que outros podem fazer é tão-somente apontar para a direção certa em que pode ser encontrado esse "tesouro oculto", esse "pérola preciosa" — mas o trabalho de cavar terra adentro e de mergulhar nas profundezas oceânicas, em busca dessas grandezas, esse trabalho só pode ser prestado por ti, por cada homem em particular. A última etapa da vida espiritual, última e decisiva, está envolta em grande silêncio, o silêncio das grandes alturas dos Himalaias, o silêncio das grandes profundezas dos oceanos...

Abisma-te, intensa e assiduamente, nesse vasto silêncio, lá onde expiram todos os ruídos do mundo periférico dos sentidos e da mente, lá onde vive, reina e impera o eloqüente silêncio, a luminosa escuridão, o exuberante deserto do espírito de Deus, o reino de Deus dentro de tua alma...

Morre — e ressuscita!...

Alvorada de uma vida nova

Para que o homem possa ingressar nesse mundo grandioso do "espírito", é necessário que transcenda as fronteiras dos "sentidos" e do "intelecto". O homem comum, o profano, só sabe do mundo sensitivo e do mundo intelectivo; para muitos, nada existe além da zona física dos sentidos; para outros, um pouco mais avançados, existe ainda a zona metafísica do intelecto e suas criações científicas.

Entretanto, são poucos os homens que, no presente estágio de evolução, saibam de um mundo real ultra-sensível e ultra-intelectivo. Alguns negam a realidade objetiva desse mundo, considerando-o produto da ignorância ingênua, dos devaneios da fantasia ou da ganância de sacerdotes (ateus, materialistas, intelectualistas); outros encolhem os ombros, como Pilatos, e confessam nada saber da realidade ou irrealidade de um mundo para além das fronteiras do tangível e inteligível (agnósticos, céticos, indiferentistas); outros ainda admitem a realidade desse mundo espiritual, crêem nele, porque dele ouviram falar e aceitam o testemunho alheio, mas não o conhecem de experiência própria, direta, pessoal; esperam entrar, um dia, em contato com esse universo misterioso do além, que, como eles supõem, se lhes revelará depois da morte em alguma região distante e desconhecida.

Essa fé, não há dúvida, é um prelúdio para a experiência real do mundo invisível, mas não é ainda o contato direto e experiencial com ele. Diz Paulo de Tarso que esse estágio de fé nos faz crer no mundo espiritual como quem vê coisas em espelho e enigma, quer dizer, indireta e obscuramente, mas que a experiência pessoal desse mundo espiritual no-lo revela face a face.

A fé é o primeiro passo — a experiência é o último. Claro está que ninguém pode dar o segundo e último passo antes de dar o primeiro e penúltimo; daí a absoluta necessidade da fé. Aqui na terra há descrentes, crentes e alguns cientes — no céu não há descrentes nem crentes, mas tão-somente cientes ou sapientes de Deus e do mundo divino; o céu não é lugar geográfico ou astronômico, mas, sim, um estado da alma vidente, clarividente, teovidente.

Para que o meditante possa entrar nesse "terceiro céu" do espírito, deve ele ultrapassar o "primeiro céu" dos sentidos e o "segundo céu" do intelecto.

Ora, o homem vive no céu dos sentidos há milhões de anos, e vive no céu do intelecto talvez há um milhão de anos. Assim sendo, é perfeitamente compreensível que o mundo dos sentidos e do intelecto exerça sobre ele um impacto direto e veemente, a cuja brutalidade o homem quase não consegue subtrair-se. O homem comum, não libertado, é vítima passiva e quase inconsciente dessa ofensiva multimilenar dos sentidos e do intelecto; vive à mercê de fatores físicos e mentais; o seu Eu é uma espécie de praça pública por onde passam, incessantemente, inumeráveis transeuntes físicomentais, sentimentos e pensamentos, sem controle nem passaporte, entretanto e saindo, armando celeuma e desordem conforme lhes aprouver.

Daí a tremenda dificuldade da meditação e concentração espiritual. É que essa concentração supõe não só o descobrimento do espírito (alma) dentro do homem — e quantos são os que, de fato, o descobrem? —, mas supõe também a força suficiente para contrabalançar a ditadura brutal dos sentidos e a política sagaz do intelecto.

Ora, sendo que o imperialismo absoluto dos sentidos e do intelecto remonta a milênios, e criou nas profundezas do subconsciente humano vastíssima estratificação de hábitos e atitudes — e sendo que, por outro lado, o despertar do espírito é apenas de ontem ou anteontem (se é que o espírito despertou!) —, é natural que a voz débil do espírito seja facilmente sufocada pelo estardalhaço dos sentidos e pelos violentos imperativos categóricos da inteligência pessoal.

Quando então o homem tenta seriamente estabelecer dentro de si a hegemonia do espírito e reduzir à obediência os sentidos e o intelecto, então, e só então, começa ele a perceber a escravidão em que vivia habitualmente; os antigos soberanos do Ego recusam-se peremptoriamente a reconhecer a soberania da alma; consideram essa pretensão uma inovação indébita, uma usurpação impertinente da parte de um poder estranho, cujo jugo não estão, de forma alguma, dispostos a aceitar.

Estabelecer o reinado do espírito neste mundo dominado, há milênios, pelas forças físico-mentais é a mais gigantesca e difícil tarefa a que o homem pode meter ombros, aqui na terra — e são pouquíssimos os que seguem esse "caminho estreito" e entram por essa "porta apertada que conduz à vida eterna".

Entretanto, à força de grande perseverança e indefessa persistência, pode o homem conseguir esse triunfo máximo da sua vida e tornar-se, de fato, um pleni-homem, semelhante ao "filho do Homem", que "devia sofrer tudo isto para assim entrar em sua glória". Pode o homem fazer que a serpente enaltecida da consciência divina suplante a serpente rastejante da consciência meramente humana; que o amor universal tome o lugar do egoísmo individual; que o Cristo derrote a Satã, e Satã, de adversário, se transforme em seguidor e amigo do Cristo.

Deve, pois, o candidato ao mundo espiritual romper caminho pelas espessas e duríssimas camadas externas físico-mentais que cingem a fortaleza central da alma, seu verdadeiro e eterno Eu.

A fim de criar as forças e a técnica necessárias para tão magna vitória, deve o homem realizar, periódica e freqüentemente, os exercícios necessários para esse fim; deve, em tempos marcados, impor completo silêncio ao mundo dos sentidos e do intelecto, até que esse continuado treino lhe dê certa facilidade e cada ato subseqüente se torne mais fácil e espontâneo que o antecedente.

Após uns meses de assídua e intensa concentração diária nesse mundo espiritual, verificará o homem que essa disciplina interior se lhe tornou um pouco mais fácil, que a alma conquistou mais uns degraus de poder sobre os rebeldes, que, aos poucos, se tornarão servos obedientes e disciplinados. Verificará que, diariamente, consegue entrar nesse mundo superior mais rapidamente e manter-se nele com maior segurança, sem as impertinentes "distrações" de outrora, que vão rareando e enfraquecendo paulatinamente — até que, talvez ao cabo de um ano ou dois (depende do caráter de cada um e da intensidade do exercício), ele verifica com jubilosa satisfação que sua alma está firmemente consolidada no seu domínio sobre a pesada gravitação dos sentidos e a dispersiva inquietude do intelecto. E, a partir dessa data — e mesmo antes —, a tua vida, meu irmão em espírito, vai tomando rumo muito diferente... A conquista do grande mundo da verdade penetrará a tua vida de uma liberdade desconhecida e inebriante — a "gloriosa liberdade dos filhos de Deus", como lhe chamou uns daqueles que a conhecia por experiência pessoal... Verificarás, antes de tudo, que a tua vida diária está sendo permeada do misterioso ritmo de uma permanente serenidade e silenciosa alegria, sem motivo externo; e, se escutares com suficiente intensidade para dentro de ti mesmo, saberás que essa paz profunda e felicidade anônima que experimentas nascem de uma sensação ou consciência de força, firmeza e solidez internas, outrora desconhecidas; saberás que os teus pés deixaram o movediço areal de incertas emoções e opiniões humanas e se firmaram definitivamente sobre a rocha inabalável da verdade eterna, contra a qual jamais prevalecerão as potências do inferno. Verificarás que os reveses da vida, embora continuem com a mesma freqüência e força de antes, já não te ferem e perturbam como em tempos idos, que atingem apenas a superfície do teu Eu, ao passo que as profundezas de tua alma continuam perfeitamente tranqüilas e serenas. Senta-te gloriosamente invulnerável na íntima essência do teu ser, e essa consciência da invulnerabilidade te enche de inefável beatitude e de uma paz que ultrapassa toda a compreensão.

Essa profunda mudança interior, naturalmente, não pode deixar de se refletir também no plano horizontal da tua vida ética e social. Experimentas algo análogo ao que sentem certos jovens intensamente enamorados, na transbordante embriaguez e felicidade do seu primeiro amor: querem abraçar o mundo inteiro e ver felizes todos os seres do universo ao sol da sua inaudita felicidade. Possivelmente, essa exuberante alegria de noivado ou lua-de-mel com o recém-descoberto mundo espiritual cederá, aos poucos, a um ritmo mais calmo e regular; mas não te desconsoles com isso; a tua vida com Deus ganhará gradualmente em profundeza e constância o que, talvez, perca em extática vibração inicial. Quem entrou numa verdadeira comunhão com Deus, não apenas emocional, mas solidamente real, não deve esperar eternos noivados ou perpétuas luas-de-mel, mas sabe que o seu amor é eterno e imortal. Farás a estranha descoberta de que "há mais felicidade em dar que em receber", quando antes dessa jubilosa experiência com Deus seguias mais ou menos a matemática inversa, julgando haver maior felicidade em receber que em dar. "Dar" é sinônimo de amor, como querer "receber" denota egoísmo. Quem pode sempre dar sem perigo de abrir falência deve ser muito rico — e é precisamente por causa dessa imensa riqueza e inexaurível plenitude que sentes a irresistível necessidade de dar, dar sempre, dar a todos — não só dar o que "tens", mas, ainda mais, dar o que "és"; não só dar do "teu", mas dar o "próprio eu".

Abres então as venerandas páginas do Evangelho, mesmo ao acaso, e por toda parte encontrarás a ti mesmo, resposta explícita às tuas interrogações implícitas, luz para as tuas velhas dúvidas, paz para as tuas dolorosas angústias... E, dando com os olhos nesta conhecida sentença: "Procurai em primeiro lugar o reino de Deus e sua justiça, e todas as outras coisas vos serão dadas de acréscimo", tens a impressão de que essa palavras foram escritas neste momento, especialmente para ti, pois são o reflexo fiel das tuas experiências pessoais.

Morreste para o pequeno Ego humano...

Ressuscitaste para o grande Tu divino...

Aleluia!...

Como entrar em comunhão com Deus?

Quando Nicodemos, naquele memorável colóquio noturno, perguntou a Jesus o que devia "fazer" para entrar no reino de Deus, o divino Mestre não lhe disse o que devia "fazer", mas mostrou-lhe o caminho para "ser" um homem novo, ou, como ele diz, era necessário "renascer pelo espírito".

É o erro inveterado do homem inexperiente querer "fazer" algo para chegar ao conhecimento de Deus, lançar mão de alguma fórmula mágica, de algum rito, ou então empreender uma intensa campanha intelectual a ver se logra cruzar a fronteira do invisível e invadir o reino de Deus com as hostes armadas do seu Ego individual.

Entretanto, é experiência milenar da humanidade que nenhuma dessas tentativas surte efeito real, embora muitos se iludam com resultados aparentes e fictícios.

O caminho único para alguém entrar em verdadeira comunhão com Deus é despojar-se do "homem velho" e revestir-se do "homem novo", tornando-se, assim, uma "nova creatura em Cristo". A vida espiritual em Deus não é a "continuação" de algo já existente, mas é um "novo início", um mundo virgem, inédito, um novo *fiat* creador, uma vida nova e essencialmente original.

Aliás, todo o cristianismo é, essencialmente, uma questão de "ser" alguém, e não de "fazer alguma coisa". Quando Pandita Ramabai, notável líder cristã da Índia, se converteu do bramanismo para o cristianismo, começou ela a fazer tudo o que a igreja cristã lhe prescrevia, e por espaço de dez longos anos viveu no cristianismo — sem ter encontrado o Cristo, como ela diz. Chegou, porém, a hora divina da graça, do seu encontro pessoal com o Cristo, da sua verdadeira comunhão com Deus — e depois desse glorioso Pentecostes, Pandita Ramabai viu tudo numa nova luz e sentiu-se possuída de uma como indômita paixão religiosa, que lhe fazia parecer fácil e deleitável tudo que, até então, lhe parecera difícil e cruciante. Quer dizer que, durante dez anos, ela "fizera muitas coisas", mas a partir da hora mística daquela crise redentora começou a "ser alguém", uma creatura em Cristo.

Não quer isso dizer que nada devamos fazer, antes de termos tido o nosso encontro pessoal com Deus; pelo contrário, devemos fazer tudo que pudermos, mas nunca e em caso algum devemos pensar que esse "tudo" seja, de fato, o encontro com Deus. Não! Quando tiverdes feito tudo o que fazer devíeis, dizei: "Somos servos inúteis; apenas cumprimos o nosso dever". Com essa disposição interna de sincera humildade e ampla receptividade, pode a alma humana aguardar uma visita real de Deus, que, no dizer de Jesus, lhe servirá um banquete de divinas iguarias.

Todo o nosso trabalho humano, por mais necessário, é insuficiente. Não passa de uma extensa linha "horizontal" de "fazer, fazer, fazer". A experiência com Deus, porém, é semelhante a uma linha "vertical", que vem de ignotas alturas e vai a misteriosas profundezas, cortando a nossa horizontal em determinado ponto da sua jornada, e produzindo em nós esse novo "ser", único e eterno, superior a toda a compreensão e análise consciente. O homem cuja vida horizontal foi atingida pela divina vertical sabe que essa inexplicável intersecção de forças o pôs para o outro lado do grande abismo que existe em toda vida humana. Não pode contar a ninguém, nem mesmo a seu próprio Ego consciente e vígil, como se deu essa transferência; sabe, todavia, que uma tempestade inefável o tomou em suas invisíveis asas, arrebatou-o subitamente e o jogou para litorais até então desconhecidos. Qualquer análise intelectual desse processo está, de antemão, fadada a falhar, porque esse fato é uma "síntese simultânea", que não comporta nenhuma "análise sucessiva". Todo iniciado pode, em verdade, dizer com Santo Agostinho: "Se alguém me pergunta o que é Deus, confesso que não sei — mas, se ninguém me pergunta, eu sei". Deus não é um indivíduo, e por essa razão não é objeto de conclusão silogística — mas é a Realidade Universal, e por isso só pode ser atingido pela experiência mística.

Entretanto, não se desconsole o leitor de boa vontade em face do exposto. Embora seja certo que a comunhão com Deus, esta visão do reino de Deus, não seja, propriamente, "aprendível" nem "ensinável", no plano horizontal da atividade humana, é contudo possível a todo homem disposto a criar dentro de si o ambiente indispensável ao seu advento. Assim como ninguém pode ensinar a outrem a ter amor, alegria, entusiasmo, etc., da mesma forma ninguém pode, a bem dizer, ensinar a outrem um determinado método ou uma certa técnica que lhe garantam um encontro com Deus.

Por que então este livro? E a que vem toda a literatura religiosa, espiritual, mística? Que fim tem toda a educação, instrução, pregação, direção espiritual?

O fim único de todas essas atividades e expedientes consiste em preparar o caminho, remover obstáculos que, porventura, obstruam o trânsito, e criar dentro da alma humana uma atmosfera, um ambiente, um clima tal que torne possível e fácil o advento do reino de Deus. Pois existe uma lei eterna, segundo a qual Deus se encontra com o homem se o homem criar na alma as condições e os requisitos necessários para preparar essa divina parusia. Deus não conhece favoritismos, Deus não age arbitrariamente, Deus não conhece acepção de pessoas. Revela-se àqueles que possuem a necessária receptividade para essa revelação. Todos os trabalhos de educador, pregador, diretor espiritual não passam de trabalhos preliminares, atividades de arauto ou engenheiro do reino de Deus, à guisa do que o Precursor de Jesus dizia de si mesmo: viera para endireitar os caminhos tortuosos, aplainar os montes, aterrar os vales, porque o reino de Deus estava à mão — mas não prometeu a ninguém "dar-lhe" o reino de Deus, embora ele mesmo o possuísse na alma com grande abundância. Se a alma endireitar os caminhos tortuosos da sua vida ética, se aplainar os montes da sua presunção e aterrar os abismos do seu pessimismo, é certo que o reino de Deus, que está sempre ao alcance da mão — porquanto "o reino de Deus está dentro do homem" —, também se revelará na vida externa desse homem; pois, como diz o profeta, *"bonus est Dominus sperantibus in eum, animae quaerenti illum"*, bom é o Senhor aos que estão à sua espera, às almas que o buscam...

Quando a horizontal do homem e a vertical de Deus — ou seja, a fé e a graça — se encontram, ocorre o que chamamos "conversão", ou seja, o "renascimento pelo espírito", o "advento do reino de Deus".

A linha horizontal, por si só, não produz o grande acontecimento. A linha vertical, por si só, tampouco o produz, porque Deus não trata como inconsciente e não-livre uma creatura consciente e livre. Para a experiência divina, ou a comunhão com Deus, duas coisas são essencialmente necessárias: a horizontal da preparação humana e a vertical da graça divina.

Da junção dessas duas forças resulta o sinal +, que no cristianismo significa "redenção"; na física, "positivo"; na matemática, "mais"; e nas regiões esotéricas, "infinito", ou "universal" (norte, sul, leste, oeste). De fato, tudo que é redenção, positivo, mais, universal, resulta necessariamente da união de fé humana e da graça divina, do consórcio do temporal e do eterno, do Eu e de Deus. É o que Paulo de Tarso expõe, a seu modo, nas grandes epístolas aos gálatas e aos romanos, tratando do assunto da salvação do homem pela graça mediante a fé.

Ora, sendo que a graça é de Deus, segue-se que a contribuição humana, para entrar em comunhão com Deus, consiste integralmente na fé.

Que é fé?

Poucas palavras, talvez, existem na língua humana que tão profunda falsificação tenham sofrido como esta. Desde a mais vaga das "opiniões" até a mais unilateral das "análises intelectuais" — tudo é chamado fé.

Na verdade, porém, a fé não é um "ato", mas uma atitude. Num dos seus ensaios, diz o famoso critico inglês George Bernard Shaw que o que o homem crê não pode ser acertado pelo seu credo verbal, senão pela permanente atitude do seu Eu interior. Com efeito, a fé é uma permanente atitude de todo o meu Eu interno, é uma espécie de atmosfera ou clima de minha alma, é uma como que perene perspectiva do meu espírito rumo ao infinito. A fé é para a minha personalidade o que a corrente magnética comunicada a um ferro comum é em relação a esse ferro. O ferro, depois de magnetizado, continua a ser ferro como antes, mas, a partir desse momento, todos os seus átomos assumem direção ou perspectiva uniforme — estão "polarizado"; olham, por assim dizer, para um ponto certo e determinado, o pólo magnético, e polarizam qualquer ferro que deles se aproxime, obrigando-o a tomar a mesma atitude uniforme. A natureza específica do ferro não mudou, mas, com a magnetização, adquiriu uma nova qualidade, está dotado de um certo "destino" — ia quase dizendo que adquiriu uma espécie de "consciência magnética". A "neutralidade" anterior cedeu a uma atitude positiva. O "caos" de ontem converteu-se no "cosmos" de hoje. A "cegueira" tornou-se "vidência". A "inércia estática" do ferro comum transformou-se em "atividade dinâmica" do ferro imantado.

Pois é exatamente o que se dá quando um homem, de "profano", passa a ser um "iniciado", graças ao encontro pessoal com Deus, nas misteriosas profundezas da comunhão espiritual. Continua a ser especificamente o mesmo homem — pai, mãe, filho, negociante, industrial, funcionário público, educador, ministro de religião, cientista, filósofo, ou que outra ocupação tenha —, mas o "modo como" ele é aquilo que é, é totalmente diferente do que foi. A sua vida e profissão entram no campo magnético do Eterno, do Absoluto, do Divino; e essa misteriosa corrente empolga, permeia e orienta, desde então, cada um dos átomos, ou atos, da sua vida.

Sabemos que há metais não magnetizáveis, porque não possuem, na sua estrutura interna, a necessária propriedade ou afinidade para receber as ondas magnéticas.

Sabemos também que há antenas com graus vários de receptividade elétrica, como as há também completamente irreceptivas; antenas com afinidade nula, imperfeita ou perfeita. Se levantarmos no ar uma antena de madeira, vidro ou porcelana, ela não funciona como antena; mas, se usarmos antena de ferro, ou melhor, de cobre, e, melhor ainda, de ouro, sabemos que a sua estruturação atômica ou eletrônica permite às ondas elétricas do espaço serem por ela canalizadas para atuar sobre nossos aparelhos.

É essa a significativa analogia — analogia, e nada mais — do que acontece nas regiões superiores do universo de Deus, com a diferença de que, no mundo material, uma antena irreceptiva não pode, por si mesma, transformar-se em antena receptiva, ao passo que, nos domínios do espírito consciente e livre, existe a possibilidade dessa transformação; uma alma, hoje irreceptiva, pode tornar-se amanhã receptiva para as misteriosas vibrações da graça divina, e pode também aumentar e aperfeiçoar gradualmente a sua receptividade imperfeita.

Fé, do latim *fides*, é a fidelidade do ego humano a seu Eu divino.

* * *

Que é que torna a alma humana receptiva para a revelação de Deus?

A fé, como já dissemos, ou, mais especificamente, a "fé" e a "vida", quer dizer, não uma fé puramente teórica e estática, mas uma fé prática e dinâmica, uma "fé vivida", e não uma fé apenas "crida".

Quer dizer que o homem deve, antes de tudo, "crer", isto é, admitir a existência real e objetiva de um mundo que ultrapassa o alcance dos sentidos físicos e do intelecto analítico; deve admitir a existência desse mundo, não como um conceito abstrato ou uma idéia poética, mas como uma realidade ontológica, mais real que todas as realidades circunjacentes, ou melhor, como a única Realidade original, da qual as demais realidades são apenas cópias ou derivados.

Essa fé, que admite uma realidade infinitamente mais real que todos os dados do mundo perceptivo e intelectivo, supõe uma força ou um heroísmo da alma que ultrapassa todas as façanhas no plano simplesmente horizontal. De fato, a fé, a fé verdadeira, é o maior heroísmo da alma. É admitir algo como real antes que disso se tenha experiência pessoal direta.

Mas qual é a razão por que admito a existência de um mundo que nunca experimentei pessoalmente? Não é isso irracional, absurdo, repugnante? Não equivale tal atitude a uma espécie de suicídio da razão e da própria personalidade humana?

Não. O crente admite a realidade desse mundo superior baseado no testemunho de alguém que desse mundo possui experiência imediata.

Como se vê, não poderia haver "crentes" razoáveis se, no início dessa série de crentes, não houvesse um "sapiente", isto é, uma pessoa que tenha desse mundo, ou de Deus, noção imediata, ciência direta, ou seja, revelação certa e indubitável. Do contrário, não haveria para o crente motivo suficiente de credibilidade, e a fé não seria um "culto racional" como o apóstolo Paulo diz. Não é possível que todas as certezas do mundo espiritual sejam "certezas de segunda mão", certezas derivadas; é necessário que, no início dessa série de certezas derivadas, haja ao menos uma certeza não-derivada, direta, imediata; se nunca tivesse havido no mundo uma só pessoa que conhecesse a Deus de ciência própria (não pela fé), nenhum homem racional poderia crer.

Ora — digamo-lo entre parênteses —, se um homem teve um encontro pessoal com Deus donde lhe veio essa certeza original, está provado que esse encontro é possível também para outros homens, e que a certeza última e definitiva vem dessa experiência imediata, e não da fé, a qual é, todavia, para o comum dos homens, o caminho necessário para o conhecimento intuitivo de Deus. É notável que Jesus, o maior dos sapientes de Deus que conhecemos, defina a vida eterna nos seguintes termos: "A vida eterna é esta: que os homens te 'conheçam' a ti, ó Pai, como o único Deus verdadeiro, e o Cristo, teu Enviado". E em outra ocasião: "*Conhecereis* a Verdade, e a Verdade vos libertará".

De maneira que admitir a realidade de Deus e do mundo espiritual, em virtude do testemunho que dessa realidade deram os que, de ciência própria, a conheciam, é o que se chama fé, primeiro passo para o conhecimento pessoal de Deus.

Jesus, o Cristo, nunca foi um crente, mas um ciente ou sapiente de Deus.

Também no céu não há crentes, mas tão-somente sapientes. Mas não haveria sapientes no céu se não tivesse havido crentes na terra.

O céu, naturalmente, não é um lugar, mas sim um estado da consciência. A sapiência de Deus é o céu, e o caminho para esse céu é a fé em Deus.

Pela fé vemos a Deus "imperfeitamente, mediante espelho e enigma" — pela ciência intuitiva conhecemos a Deus "perfeitamente, face a face, assim como nós mesmo somos conhecidos por Deus".

A fé supõe, pois, uma profunda humildade e grande sinceridade da alma. Alma orgulhosa e insincera não pode ter fé. Essa humildade e sinceridade, como a própria etimologia da palavra diz, não é senão uma receptividade espiritual em alto grau.

Receptividade é "passividade dinâmica", composta de dois elementos, a saber: o "esvaziamento do próprio Ego individual" (desegoficação), que é o elemento "negativo", e o elemento "positivo", que consiste na intensa expectativa da alma esvaziada à espera de uma "plenificação", de um enchimento, de cima. Ninguém pode receber a "plenitude de Deus" sem que realize primeiro a "vacuidade do Ego". A "ego-evacuação" é condição e requisito indispensável para a "teo-plenificação". Não pode se enchido de Deus quem está cheio do Ego, porque o grande não cabe no pequeno, e todo egoísmo é pequenez, estreiteza, mesquinhez. A desegoficação ou a ego-evacuação equivale a um alargamento, uma expansão da personalidade humana. Quanto mais o ego expande, alarga, amplia as suas fronteiras, tanto mais aumenta a sua capacidade receptiva, tanto mais pode receber de Deus. A teo-receptividade é diretamente proporcional ao egoísmo ou egolatria. Quanto mais o homem é do ego, menos é de Deus, e quanto mais é de Deus, tanto menos é do ego. Quando o homem atinge a culminância da desegoficação, abolindo o erro milenar do seu separatismo personalista, atinge o máximo grau de experiência de Deus. Deus é amor, e quem, como Jesus, se torna amor integral, pela renúncia a todo egoísmo, pode em verdade dizer com ele "eu e o Pai somos um", "o Pai está em mim e eu estou no Pai". "Bem-aventurados os pobres pelo espírito, bem-aventurados os puros de coração, porque eles verão a Deus e deles é o reino dos céus" — "pobreza pelo espírito" e "pureza de coração" não são outra coisa senão a completa e definitiva renúncia ao egoísmo liberticida e impuro. *Self-purification* (ego-purificação) é a palavra que Mahatma Gandhi usa constantemente, na sua autobiografia, para designar essa evacuação do Ego impuro, a fim de alcançar a experiência espiritual de Deus.

A fé é, pois, um como que silencioso clamor da alma, um sequioso interrogar dos horizontes, uma grande nostalgia do espírito humano insatisfeito consigo mesmo e ansioso por ultrapassar as estreitas barreiras do pequeno Ego personal e difundir-se para dentro do grande Tu universal.

* * *

Mas esse desejo do abandono do pequeno Ego e da aproximação do grande Tu não é meramente teórico, nem simplesmente emocional, não é uma "fé morta", no dizer do apóstolo Tiago, uma fé-cadáver; mas tem de ser uma fé viva e vitalizante, *"fides quae per charitatem operatur"*, como diz Agostinho, uma fé que opera pela caridade, pelo amor universal, quer dizer, uma fé que se revela constantemente na vida ética do homem. Sendo que o "agir" segue o "ser", o homem que, pela intuição espiritual, chegou a conhecer o seu verdadeiro "ser", aquilo que ele "é" na mais profunda essência da sua natureza humana, não deixará de "agir" também de conformidade com esse "ser"; a sua "ética" revestirá o colorido da sua "mística"; tendo-se conhecido como um ser essencialmente divino, agirá também divinamente, isto é, com amor incondicional e universal como Deus mesmo, porque Deus é amor, e ama todas as suas criaturas.

A verdadeira fé não é uma "teoria intelectual", mas, sim, uma "prática vital".

Fé que não se manifeste constantemente em atos de amor, filhos de uma permanente atitude de amor, cedo ou tarde acabará por morrer, assim como uma luz se extingue quando lhe falta o necessário combustível.

Sendo, pois, que o amor é a abolição do desamor ou egoísmo, podemos dizer que a abolição do egoísmo e a proclamação do amor estabelecem o ambiente em que se pode realizar a verdadeira comunhão com Deus.

morrer, assim como uma luz, se extingue quando lhe falta o necessário combustível.

Sendo, pois, que o amor é a abolição do egoísmo e a proclamação do amor, esquecerem o ambiente em que se pode realizar a verdadeira comunhão com Deus.

Por que muitos homens não progridem na comunhão com Deus

Fechar o circuito! Dar escoamento!

Existem milhares de almas que, por espaço de anos e decênios, praticam a vida espiritual, fazem regularmente a sua meditação — e, no entanto, vivem a marcar passo no mesmo ponto e não experimentam nenhum progresso nem satisfação na sua vida religiosa. As coisas de Deus e do seu reino continuam para essas pessoas um tremendo sacrifício; gemem, acabrunhadas, sob o "imperativo categórico" do "dever", pesado e amargo, sem jamais gozarem as delícias de um jubiloso e exultante "querer".

Qual a razão última dessa estagnação?

Escutai, todos vós que ledes estas páginas, que vou revelar-vos um segredo libertador — não! Esse tal segredo é conhecido de todos os homens realmente cristificados. Eu, neste, momento. não funciono senão como simples intérprete e locutor.

É necessário que essas vítimas da estagnação espiritual fechem o circuito!

Que quer dizer isso?

Claro está que não estou falando de um circuito elétrico, embora a comparação seja tomada desse terreno.

Quando o leitor quer acender uma luz elétrica em sua casa, ou pôr em movimento um motor, tem de fechar o circuito elétrico dando meia-volta à chave. A eletricidade é gerada na usina; daí parte um fio metálico que vai até a lâmpada ou o motor. Mas essa "linha de ida" não ilumina a lâmpada nem move máquina alguma; é necessário que uma "linha de volta" seja posta em contato com a primeira, completando o circuito da corrente, porque um semicircuito não funciona, só um plenicircuito.

Deus é a grande usina de toda a força e luz da nossa vida. Dele vem tudo que temos e somos. Não basta, todavia, que eu me ponha em contato com essa usina divina, pela oração, meditação, contemplação mística. Isso é, certamente, necessário — mas não é suficiente; isso é apenas meio caminho, uma "linha de ida", mas, se lhe faltar a "linha de volta", nada de forte ou luminoso acontecerá na minha vida.

Qual é, pois, essa segunda linha? E como fechar o circuito?

Exatamente como no caso da corrente elétrica. Devo fazer voltar para a usina o que da usina veio. Devo fazer reverter para Deus os bens que de Deus recebi. Dele tudo vem, para ele tudo deve voltar — é essa a grande lei que rege o universo material e espiritual. Não obedecer a essa lei é ser ímpio, pecador. E todo pecado esteriliza e mata. Ai de mim se eu pretender segurar para mim algo que veio de Deus e para Deus deve voltar! Essa cobiça acabará por envenenar a minha alma, assim como o sangue do corpo que não volte regularmente ao coração, donde veio, produz arteriosclerose, provocando a decadência do organismo. Querer segurar para si os bens que devem circular para todo o organismo humano é criar arteriosclerose no interior da alma!

"De graça dai o que de graça recebestes!"

Tenho de fazer voltar a Deus o que veio de Deus — isso é saúde e santidade.

Mas como posso dar algo a Deus, ele, a infinita plenitude, ele, o Oceano imenso do ser que nada pode receber, porque tudo tem?

Para que essa restituição dos benefícios de Deus seja possível, espalhou Deus, pelo mundo inteiro, os seus representantes e lugar-tenentes, aos quais deve ser feita essa restituição dos dons divinos. E Deus nos garante explicitamente que "tudo o que fizermos ao menor de seus irmãos, a ele é que o fazemos". Declara-nos que anda, sem cessar, por este mundo na pessoa de seres humanos famintos, doentes, presos, sem teto, necessitados de corpo, indigentes de alma, à espera de que "fechemos o circuito", restituindo ao Divino Doador, na pessoa dos homens, os dons que do alto temos recebido. Se assim fizermos, os benefícios divinos, circulando livremente através de nós, como o sangue rubro pelos canais sanguíneos do corpo, espargirão saúde, vigor e alegria em nossa vida. Mas se, egoisticamente, procurarmos guardar só para nós esses dons divinos, recebendo, mas não dando, não haverá luz em nossa lâmpada, por falta de circuito completo; não haverá saúde em nossa alma, por falta de circulação normal do nosso sangue. Seremos águas estagnadas, só com entrada, mas sem saída; lagos sem escoadouro, contendo água podre, insalubre.

"Há mais felicidade em dar do que em receber."

No mundo espiritual, o "dar" enriquece — o querer "receber" empobrece. É que a permanente atitude doadora alarga os espaços internos da alma — ao passo que a atitude recebedora estreita a amplitude do espírito. Tanto mais pode a alma receber de Deus quanto maior é a sua receptividade — mas essa receptividade depende essencialmente da sua vontade de dar.

É claro que o doador não deixa de receber — mas não deve esperar receber algo de seus semelhantes, no plano horizontal, que isso seria secreto egoísmo. Não deve esperar retribuição nem gratidão alguma por seus benefícios, embora os beneficiados tenham obrigação em consciência de serem gratos ao benfeitor. O homem espiritual nada espera receber, da parte de seus semelhantes, por seus benefícios; e por isso também nunca se queixa da "ingratidão dos homens". Quem se queixa da ingratidão dos homens passa a si mesmo o atestado de egoísmo, de secreta egolatria. Entretanto, nenhum homem espiritual pode deixar de saber que, segundo as leis eternas, o doador espontâneo vai ser enriquecido por Deus, e tanto mais receberá na vertical quanto mais espargir na horizontal. Saber dessa lei cósmica não é egoísmo. Se assim não fosse, este mundo de Deus não seria um cosmos (sistema de ordem), mas, sim, um caos (confusão e desordem). Se eu, pelo fato de ser bom, desinteressadamente bom, saísse empobrecido no meu verdadeiro Eu espiritual, seria preferível não ser bom — e o cosmos de Deus estaria convertido num caos de Satanás.

A falta dessa permanente atitude e espontânea vontade doadora é que é a razão última e mais profunda da esterilidade de muitas almas que se têm em conta de espirituais, mas são, de fato, egoístas não-espirituais.

É relativamente fácil dar do seu, mas é imensamente difícil dar o próprio Eu. É bom dar do que temos — é sublime dar o que somos.

Doação, quer objetiva, quer subjetiva, que não se realizar num ambiente de verdadeira e espontânea alegria e entusiasmo, não é doação completa. Uma moeda atirada a um mendigo com maus modos e a contragosto, como quem joga um osso a um cão, está envenenada e não produzirá verdadeiro bem no seu recebedor; a aura maligna de que essa moeda vem envolta acabará por envenenar o mendigo, e a sua secreta revolta íntima contra seus semelhantes não-mendigos crescerá de ponto a cada moeda que ele receber, envenenada de desamor ou displicência. "O Senhor ama um doador alegre."

Ser cristão não quer dizer ser bom — mas ser radiantemente bom.

Há muitos homens bons, tristonhamente bons. Quem os vê, na sua bondade tristonha e lúgubre, não se sente de forma alguma atraído para o cristianismo deles, mas antes repelido como algo incompatível com uma vida dignamente humana. Mas o homem radiantemente bom, jubilosamente espiritual, esse, mesmo sem dizer uma palavra, é um grande apóstolo e propagandista do cristianismo, porquanto nada existe mais "contagioso" do que uma perfeita e radiante saúde espiritual. Jesus, o Cristo, era um homem radiantemente bom, e por isso todas as almas receptivas se sentiam irresistivelmente atraídas por ele, como planetas empolgados pela gravitação do globo solar.

Praticar meditação solitária, sem irradiar pela humanidade os dons materiais e espirituais que Deus nos concede, é o melhor modo de esterilizar a vida espiritual e fazer dela tão pesado ônus que, cedo ou tarde, acabaremos por alijá-la, por intolerável. Mas associar à meditação uma vida de jubilosa atitude doadora é tonificar a vida espiritual e fazer dela um verdadeiro banquete da alma e um oásis em pleno deserto terrestre.

Meditação, contemplação, oração

A ntes da verdadeira meditação, existe uma como que série de linhas paralelas, puramente analíticas, intelectuais, um estudo de textos sacros, que as pessoas menos experientes identificam falsamente com a meditação, ou até com a contemplação e a oração. Queixam-se, depois, porque não haurem força real da sua meditação — quando, de fato, nunca meditaram, muito menos contemplaram ou oraram.

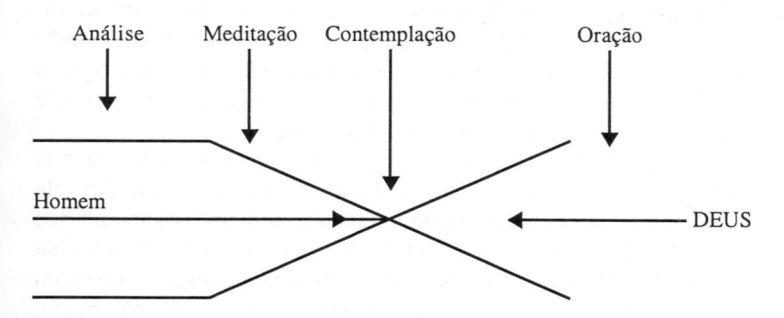

```
Análise    Meditação   Contemplação              Oração
   │           │             │                      │
   ▼           ▼             ▼                      ▼

Homem  ──────────────────►       ◄──────────── DEUS
```

Essas linhas paralelas da análise intelectual podem ser consideradas uma como que preparação remota e longínqua para a meditação, mas em relação direta e imediata com ela. Enquanto o *paralelismo* desses pensamentos não começar a tomar direção decididamente *convergente*, não dará resultado espiritual. É nessa falta de verdadeira convergência que está o mal da exegese bíblica puramente literal de muitos teólogos da atualidade. É uma inteligente análise da "letra morta", mas não uma profunda experiência do "espírito vivo" dos livros sacros.

A meditação começa, pois, onde as linhas paralelas da análise intelectual principiam a tomar rumo convergente, demandando algum centro ou foco comum, embora ainda distante e apenas vagamente percebido. Na razão direta da intensificação da meditação[1], essas linhas várias e ainda sem contato recíproco se aproximam uma da outra, à medida que se aproximam do foco comum.

Quando então todas essas linhas convergentes da meditação progressiva se encontram, finalmente, num único centro, terminou o processo de meditação, processo intermediário, movimento de convergência. E o que resulta é como que um único ponto, indimensional, imóvel — a *contemplação*[2]. Essa imobilização da mente meditativa transformada em alma contemplativa não é, todavia, uma grande inércia, uma simples *passividade estática*, como certas pessoas semi-experientes pensam — e há nisso um grande perigo, a moléstia do falso misticismo ou quietismo —; é antes uma passividade dinâmica, quer dizer, um foco de alta voltagem, embora sem movimento externo, um centro de energia condensada que tende imperiosamente a expandir-se. E quanto mais abundante e mais condensada for essa alta tensão espiritual, nesse acumulador da contemplação, tanto mais dinâmica se vai tornando essa chamada passividade. A passividade desse estado refere-se às linhas convergentes da meditação, ao passo que a dinâmica vai em sentido oposto, às regiões que se alargam, vastas e profundas, para além do foco da contemplação.

Quando, então, a contemplação atinge o máximo da sua voltagem, ou mesmo antes desse clímax, quando se aproxima da culminância da sua intensidade, quando o homem está totalmente esquecido do mundo físico-mental e de tudo que não seja a suprema e única Realidade, consubstanciado e plenamente identificado com Deus — então a contemplação desabrocha em espontânea oração, assim como um botão de rosa, chegado ao máximo da sua vitalidade juvenil, se abre numa rosa a expandir-se, gloriosa e feliz, aos beijos cálidos do sol matutino...

Orar vem da palavra latina *os* (genitivo *oris*), que quer dizer

---

[1] Meditar, derivado de *médio, intermédio*, quer dizer servir de intermediário, ou estar de permeio. (N. do A.)

[2] Contemplar, composto de *com* e *templo*, quer dizer estar com o templo, ou santuário, com Deus, ou dirigir-se a ele. (N. do A.)

boca. Orar quer, pois, dizer *abrir a boca*, ou *estar de boca aberta*, expressão simbólica que diz admiravelmente do grande simbolizado. Quando a ave-mãe vem com um biscato, todos os filhotes que se acham no ninho abrem a boca, ou o bico, o mais possível, para receber o alimento, porque a sua fome é grande, permanente, insaciável, em virtude de seu rápido crescimento. Quem mais abre a boca mais recebe. Parafraseando o termo, poderíamos dizer que os filhotes famintos oram (abrem a boca) com intensidade e assiduidade ("deveis orar sempre e nunca desistir de orar", dizia Jesus), com uma veemente passividade dinâmica; produzem um grande *vácuo oral*, a fim de receber uma plenitude que vem de fora. Se não estabelecessem esse vácuo não lhes viria a plenitude. Não se pode encher o que está cheio, só se pode encher o que está vazio. Se algum desses filhotes não *orasse*, não escancarasse o bico, não revelasse vacuidade, e desejo de plenitude, passividade dinâmica, ficaria sem alimento, e acabaria por morrer de inanição.

Passando do símbolo para o simbolizado, diremos: a alma orante é uma alma de boca aberta, largamente aberta, à expectativa do alimento divino, da luz e da força do alto, do pão da vida, das águas vivas que jorram para a vida eterna.

"Bem-aventurados os que têm fome e sede de justiça [verdade], porque eles serão saciados!"

Figuradamente, diríamos que, para além do ponto da contemplação, esse foco condensado se expande em oração. É experiência geral de todos os iniciados nos mistérios do reino de Deus que a intensa contemplação tende irresistivelmente a desabrochar em oração, não necessariamente em vocábulos labiais audíveis, mas num espontâneo colóquio ou dialogar íntimo com Deus. Dizemos colóquio ou diálogo, embora essa oração, à primeira vista, pareça ser apenas um solilóquio ou monólogo. É, na verdade, um colóquio ou diálogo, porque a alma, com os olhos e a boca abertos em intensa oração, não monologa consigo mesma, não fala sem receber resposta, não é uma voz sem eco, a clamar no deserto. Ela percebe, com crescente nitidez e delícia, a voz de Deus — ou, na linguagem romântico-mística do Cântico dos Cânticos, a esposa ouve a voz do esposo, e trava-se entre os dois amantes um diálogo inefável, que nunca poderá ser traduzido em termos de linguagem comum; os profanos e analfabetos desse mundo espiritual chegam ao ponto de tachar de erótico e libidinoso o que, no livro dos Cantares, se diz das relações da esposa (alma) e do esposo (Deus).

Sendo que esse silencioso dialogar entre a alma e Deus, nos abismos da intensa oração, se reflete necessariamente sobre a mente e o corpo do homem, começa o orante a formular, muitas vezes, palavras também audíveis, isto é, profere vocábulos ou externa fragmentos perceptíveis da grande Realidade invisível que lhe ferve na alma; o intenso vulcão do seu interior derrama um pouco de lava ígnea para o exterior. Infelizmente, essa lava incandescente não tarda a esfriar e solidificar-se, lá fora, e os curiosos e inexperientes que, porventura, analisem os resíduos pretos e frios do vasto e luminoso incêndio interior de uma alma ébria de Deus não podem, na realidade, ter idéia adequada da grande causa que produziu esses pequenos efeitos. Só um santo pode entender outro santo. Só um iniciado sabe o que se passou com outro iniciado — é essa a misteriosa "comunhão dos santos", em que nós cremos, mas de que só eles sabem. Uma alma empolgada por essa inefável vibração da Divindade não está, naturalmente, interessada em construir frases completas, burilar períodos de gramática e sintaxe corretas, porquanto habita num mundo imensamente remoto de todas as pequeninas coisas físico-mentais. As frases toscas e incompletas, muitas vezes sem sujeito ou verbo, que encontramos no primitivo livrinho dos *Exercícios Espirituais* de Santo Inácio de Loyola — fragmentos avulsos e amorfos lançados por esse místico semi-alfabetizado a algum farrapo de papel na gruta de Manresa, após a oração, e mais tarde redigidos por outros em linguagem gramatical — essas frases toscas são o pálido reflexo de uma grande experiência com Deus, são uns punhados de cinzas frias que sobraram do vasto incêndio de uma alma perdida em Deus...

Na noite de 23 para 24 de novembro de 1654, entre 22h30 e 00h30, teve o exímio cientista e matemático Blaise Pascal o seu primeiro encontro pessoal com Deus, nas profundezas de intensa oração; e desse ponto culminante da sua vida deixou ele num pedaço de papel, encontrado depois da sua morte, o seguinte reflexo fragmentário: "Fogo!... Deus de Abraão, Deus de Isaac, Deus de Jacó!... Não o Deus dos filósofos e dos sábios... Certeza!... Certeza!... Emoção!... Alegria!... Paz!... Teu Deus será meu Deus..."

Paulo de Tarso diz de si que, num momento desses, foi arrebatado ao terceiro céu, onde ouviu "ditos indizíveis" — ditos à alma, mas não dizíveis pela mente e pelos lábios do corpo.

Santo Agostinho, na praia de Óstia Tiberina, perto de Roma,

juntamente com sua mãe, Mônica, num momento de intensa oração, como ele diz, tocaram de leve as fímbrias do Infinito, e sentiram-se tão leves e tão inebriados de felicidade que, quando, ao depois, recaíram pesadamente ao plano dos mortais, dificilmente puderam habituar-se novamente a esse mundo de tempo e espaço, onde as coisas começam e terminam, como ele se exprime numa linguagem ainda semi-extática ou semi-inconsciente...

Muitos outros passaram pela mesma experiência, ao transpor a fronteira entre o mundo físico-mental e o universo espiritual.

Jesus passava longas horas, por vezes noites inteiras, nas alturas dos montes ou na solidão dos ermos, "em oração com Deus", como o Evangelho refere a cada passo, embora nós estejamos habituados a saltar por cima dessas passagens de suprema importância como se fossem algo secundário. O que ele experimentava nessas noites luminosas, ninguém o sabe; só o podemos avaliar de leve e imperfeitamente pela abundância de luz, força, amor, serenidade e perene felicidade e paz que permeiam a vida do Nazareno e cujas fontes jorravam nesses silenciosos colóquios com o Pai dos céus.

É freqüente que, nesses momentos de felicidade anônima e inefável que a verdade proporciona, as lágrimas nos rompam espontaneamente dos olhos, porque é da íntima natureza humana que as grandes emoções, sejam de dor, sejam de felicidade, se manifestem em torrentes de pranto.

Também é experiência geral que o homem imerso nesse mundo, onde não há tempo nem espaço, olvide totalmente essas duas categorias da existência físico-mental, aqui na terra: não sabe onde está, ignora até se ainda está no corpo ou fora do corpo, como diz um dos que passaram por essa experiência suprema; nem tem a menor noção de tempo, passando, por vezes, horas e horas nesse mundo divino, supratemporal e supra-espacial, como se fosse apenas um segundo, ou a fração infinitesimal de um segundo; e verifica depois, com surpresa, pela posição dos ponteiros do relógio, pela posição do sol, da lua ou das estrelas, que o mundo do tempo e do espaço continuou o seu curso normal, enquanto ele, o homem divinizado, se achava na eternidade e no infinito, que é a negação radical de tempo e espaço. Certa manhã, diz o Evangelho, foram os discípulos de Jesus buscar o Mestre no fundo dum deserto, já dia claro, porque as turbas reclamavam a presença dele; e encontram-no absorto em oração com Deus; evidentemente, dessa vez, Jesus não se apercebera do fim da noite e do início do dia, uma vez que naquele mundo de luz eterna onde ele se achava nada se sabe da sucessão de dias e noites.

* * *

Todas as fraquezas e misérias do homem vêm da ignorância e da falta de experiência desse mundo divino do "reino de Deus dentro dele", da sua "alma cristã por natureza", do "Cristo que vive nele". Mas todo homem que periodicamente banha a sua alma nesse oceano divino de luz, força e felicidade "renasce pelo espírito", "despoja-se do homem velho e reveste-se do homem novo", tornando-se uma "nova creatura em Cristo".

Os inexperientes ou profanos acusam os experientes ou iniciados de substituírem a Cristo-redenção por uma auto-redenção. É que ignoram que o mesmo Cristo que estava em Jesus de um modo plenamente consciente está em todo e qualquer homem, embora de um modo menos consciente. Diz o quarto Evangelho que o eterno *Logos* (o Cristo) é a "vida", que essa vida é a "Luz dos homens" e que essa luz "ilumina a todo homem que vem a este mundo". O Cristo eterno que está em todo homem, que é a vida do homem, é a luz do homem; todo homem que vive essa vida e é iluminado por essa luz do Cristo dentro dele tem "o poder de se tornar filho de Deus". Quem não reconhece a realidade desse Cristo interno permanece nas trevas, na morte, não é remido.

Não existe auto-redenção se por esse *autós* entendemos erroneamente o Ego humano, físico-mental, como é de uso e abuso entre os profanos e inexperientes; mas se, de acordo com a verdade, por esse *autós* ou Eu se entende o Cristo interno, o Emanuel, o Deus dentro do homem, a essência divina do homem, e não apenas a sua existência humana, nesse caso é evidente que auto-redenção e Cristo-redenção são uma e a mesma coisa.

Auto-redenção é Cristo-redenção. Sou remido pelo Cristo cósmico. Se eu crer firmemente que o eterno Cristo levou Jesus a essa sublime perfeição, a ponto de ele poder dizer "eu e o Pai somos um", "as obras que eu faço, quem as faz é o Pai que em mim está" — se tenho essa fé no Cristo cósmico, o Cristo dentro de mim atingirá tal poder sobre o meu pequeno Eu humano que este será remido pelo grande Tu divino.

* * *

A constante acusação que os pagãos do antigo Império Romano levantavam contra os discípulos de Jesus era esta: "Esses homens põem tudo às avessas! Põem o mundo inteiro fora dos eixos!"

No entanto, os cristãos eram homens eminentemente pacíficos e grandes pacificadores, porque eram filhos de Deus.

Em que consistia, pois, essa constante e universal "revolução" de que eram acusados?

Consistia no seguinte fato glorioso: é que esses homens tinham deixado de ser fantoches ou bonecos de engonço, como os homens profanos, que são joguetes dos seus instintos, caprichos e paixões. O homem comum é manobrado, de preferência, por dois cordéis ocultos: o desejo de prazeres e o medo de sofrimentos. Quando se quer mover um desses fantoches humanos a fazer isto ou aquilo, ou deixar de o fazer, basta puxar por um desses cordéis, acenando-lhe com qualquer espécie de prazer ou ameaçando-o com sofrimento — e logo agitará pernas, braços e cabeça à guisa das marionetes num teatro de fantoches.

Ora, não era isso que acontecia com os discípulos do Nazareno. Não eram "caniços agitados pelo vento". Não vendiam a sua consciência, nem por promessas de prazeres nem por ameaças de sofrimentos. Milhares deles preferiram ser dilacerados pelas feras nos anfiteatros, ou reduzidos a cinzas nas fogueiras, ou sofrer longas agonias nos cárceres e nas rodas de suplício. É que esses homens tinham deixado de ser indivíduos amorfos, moluscos e invertebrados e se haviam tornado verdadeiras individualidades, cônscias da sua grande dignidade e do seu destino eterno. Tinham cortado definitivamente os secretos cordéis que movem o comum dos homens, e proclamado a grande libertação da escravidão físico-mental, a "gloriosa liberdade dos filhos de Deus".

Era essa a razão por que os gentios já não podiam contar com os cristãos, que, para eles, eram homens "anormais", uma vez que não se guiavam pela tradição dos homens "normais" do teatro dos egos, eles, as "novas creaturas em Cristo".

De fato, todo homem que, pela intensa oração, se encontrou com Deus, deixa de ser um homem "normal", isto é, um ego humano manobrado pelos cordéis do egoísmo, da ambição, da luxúria, da cobiça, da vaidade, da mania do poder, etc. Só os "anormais" — ou, antes, supranormais — é que podem salvar os outros homens da sua infeliz "normalidade".

Do homem que algo espera ou receia do mundo, nada pode o mundo esperar.

* * *

Os homens cósmicos adquiriram plena saúde e sanidade, e essa saúde é tão expansiva que "contagia" poderosamente a todos os que entrem em contato com eles e possuam alguma receptividade espiritual.

Só um homem que encontrou a Deus na oração é que pode redimir a humanidade do flagelo da sua irredenção, porque ele mesmo é um remido, um verdadeiro redento — e só um redento assim é que pode ser um redentor para os outros.

Nenhum "reavivamento espiritual" surtirá efeito profundo e duradouro se, no início e à frente dele, não estiver um santo, um homem que teve um encontro pessoal com Deus.

Algumas técnicas para favorecer a comunhão com Deus

O autor deste livro tem plena consciência do perigo que vai nesta palavra "técnica" — o perigo de uma interpretação às avessas.

Existem numerosas "escolas iniciáticas" que prometem a seus adeptos um encontro com Deus em troca de um "curso de iniciação" em 36 ou mais lições. Fazem ver que, por meio de certos exercícios físicos e mentais, pode o homem adquirir um conhecimento direto e imediato de Deus e do mundo espiritual.

Não falta mesmo quem apregoe certas drogas para ter "experiência mística".

Em face disso, prevenimos o leitor de que não apregoamos, nas páginas deste livro, como em parte alguma, uma determinada técnica, algum método infalível por meio do qual o profano de hoje venha a ser o iniciado de amanhã. Nenhuma postura corpórea, nenhum método de respiração, nenhum regime alimentar, nenhuma acrobacia mental pode introduzir o homem, sem mais ou menos, no reino de Deus. Se tal técnica existisse, poderia alguém entrar no mundo da Divindade de contrabando, isto é, por meio de algo que ele *fizesse*, quando, na realidade, só aquilo que o homem é o pode introduzir nesse universo divino. Rabi Nicodemos, naquele memorável colóquio noturno com Jesus, quis saber o que o homem devia *fazer* para entrar no reino de Deus, mas o grande iniciado de Nazaré lhe faz ver que o homem deve *ser* algo inteiramente novo e inédito, deve "renascer pelo espírito", ou, no dizer do iniciado de Tarso, deve "despojar-se do homem velho" e tornar-se uma "nova criatura em Cristo".

A vida em Deus não é alguma continuação, mas é um novo início; não é o prosseguimento no plano horizontal do "homem velho" de ontem, mas é a mudança para a linha vertical da "nova creatura" de hoje; é a renúncia definitiva do não do pequeno Ego humano e a jubilosa afirmação do sim do grande Eu divino. A vida espiritual não consiste na adição e soma total de todos os zeros, pequenos e grandes (000.000), da vida profana; mas, sim, na introdução de um fator positivo (1) colocado à frente de todas essas pequenas e grandes vacuidades: 1.000.000. Todas as vacuidades profanas de ontem recebem plenitude desse fator espiritual de hoje: mas esse "1", que redime os zeros da sua desoladora vacuidade, não é filho de algum zero, nem da soma total de todos os zeros, pequenos ou grandes, uma vez que nenhum dos zeros contém elemento positivo, nem mesmo uma fração infinitesimal desse fator positivo "1". A negatividade estéril dos numerosos zeros é redimida pela fecunda positividade do único "1". Nenhum desses zeros pode gabar-se de "auto-redenção", porque zero não redime zero, negativo não redime negativo. Todo zero deve reconhecer "alo-redenção", redenção por algo ou alguém que não seja esse próprio zero. É essa a grande tese que São Paulo defende com tanto brilho e entusiasmo nas suas epístolas eternas aos gálatas e aos romanos, como, aliás, por toda parte: a redenção do homem não vem do homem negativo (pecador), mas do homem positivo (Cristo); não há ego-redenção, há teo-redenção.

Ora, qualquer espécie de técnica, por mais sagazmente excogitada e mais refinadamente executada, é, em última análise, obra humana, pertinente ao plano negativo dos zeros. É essa a razão última por que nenhuma técnica, física ou mental, pode fazer de um profano um iniciado, de um "homem velho" uma "nova creatura em Cristo". Milhares de homens vivem na ilusão fatal de haverem ingressado no reino de Deus pelo fato de terem adquirido estupenda mestria e facilidade no terreno da técnica física e mental, a ponto de realizarem verdadeiros "milagres" ou "portentos", como, segundo as Escrituras Sagradas, os opera o próprio "príncipe das trevas", a mais alta personificação do poder mental. Lúcifer (que quer dizer porta-luz) é inteligência sem espírito, e, quando nega a realidade do espírito, se torna Satã (que quer dizer adversário). Quem domina a esfera físico-mental pode realizar qualquer "milagre", embora seja completamente profano no mundo da espiritualidade.

A única entrada real e legítima no reino de Deus é pela porta da frente, isto é, pelo espírito de Deus, que é amor. É esse o "renascimento pelo espírito", que confere ao homem um novo "ser", ou seja, uma "vida" nova. Pode o mais profano dos homens praticar certas técnicas físico-mentais; pode mesmo atingir ao plano misterioso de uma estupenda força mágica, a ponto de deslumbrar os inexperientes e incautos. Pode o "príncipe das trevas" transformar-se em "anjo de luz", sem por isso deixar de ser o que é intrinsecamente; porquanto ninguém é internamente transformado pelo que *faz* externamente, mas unicamente pelo que *é* internamente. O profano não deixa de ser profano pelo fato de se revestir externamente do invólucro do iniciado; a única coisa que o pode redimir da sua profanidade é a definitiva e radical abolição do seu velho egoísmo, e a aceitação real de um amor universal.

* * *

Entretanto, embora nenhuma técnica físico-mental possa ser causa de espiritualização, não negamos de forma alguma que certas técnicas dessa natureza possam influir beneficamente na iniciação espiritual, como condições predisponentes. Pois é tão íntima a união entre o nosso Ego físico-mental, por um lado, e o nosso Eu espiritual, por outro, que dificilmente este consegue funcionar em completa independência daquele. Disso sabiam e sabem todos os mestres da vida espiritual. E por isso todos eles aconselham e recomendam aos iniciados certos adminículos físicos e mentais, cuja função primária é remover obstáculos, desobstruir canais, aplainar caminhos, purificar o Ego de certas impurezas que impedem o advento do espírito de Deus. Todos esses expedientes, porém, repetimos, têm apenas uma função negativa e preliminar, não podendo de forma alguma substituir o fator propriamente espiritual e divino.

A evolução *sensitiva* do homem remonta a milhões de anos; por meio dela é ele um membro do mundo orgânico vegetativo-animal. E é essa a razão por que as coisas sensitivas exercem sobre o homem tão tremendo poder que dificilmente ele consegue subordinar a sensitividade a fatores superiores do seu ser.

Bem mais recente é no homem a evolução *intelectiva*, a qual, no período anterior, se achava em estado latente. Do fato dessa latência multimilenar concluíram os ignorantes que, em tempos pré-históricos, o homem tinha sido simples animal, sem inteligência. A inteligência existia no homem sensitivo, assim como a árvore existe na semente, mas em forma potencial, e não atualizada como hoje em dia.

Semelhantemente, existe também no homem sensitivo-intelectivo de hoje o homem *espiritual* de amanhã, embora em muitos essa espiritualidade ainda esteja, total ou parcialmente, latente, como que entregue a um sono profundo e inconsciente. É a essa espiritualidade latente ou potencial que Jesus alude quando afirma que "o reino de Deus está dentro de vós", ou quando o escritor cristão cartaginês Tertuliano, do segundo século, diz que "a alma humana é cristã por natureza", ou quando a Bíblia afirma constantemente que a alma humana é "imagem e semelhança de Deus", "participante da natureza divina", de "estirpe divina", "filha de Deus", e que o corpo do homem é o "templo do espírito santo" em que habita o espírito de Deus.

Ora, para que o nosso Eu espiritual possa despertar do sono da sua latência, é necessário que o cerquemos de circunstâncias favoráveis à sua evolução e ao seu crescimento progressivo — assim como damos a uma sementinha o ambiente idôneo para que a sua vida potencial dormente possa despertar para uma vida atual de plena vigília. Sem o competente solo e sem luz e calor solar, nenhuma semente pode brotar. Do mesmo modo, a vida espiritual da alma não evolve se não a cercamos dos requisitos necessários para essa evolução.

A criação de um ambiente físico-mental é, pois, um requisito externo necessário para que o germe da nossa vida espiritual possa brotar e desenvolver-se normalmente.

O homem plenamente espiritualizado percebe o mundo divino com a mesma facilidade e espontânea alegria com que o homem sensitivo percebe e goza o mundo material; com a mesma espontaneidade com que o homem intelectual se move no vasto mundo das realidades intelectuais e científicas. Para o homem espiritual, o mundo físico-mental recuou para a extrema periferia das realidades, ao mesmo tempo que o mundo da realidade espiritual ocupa o centro, funcionando como um sol, em torno do qual giram todos os planetas e planetóides do universo físico e mental. E o homem espiritual sabe que isso é a verdade, porque conhece a verdade, e a verdade o libertou da inverdade.

Ambiente mental

"Quando orares, retira-te para o teu cubículo, fecha a porta atrás de ti e ora a sós com teu Pai dos céus" — essa recomendação de Jesus não se refere, evidentemente, a um "cubículo" material, nem a um "fechar de portas" no sentido físico, tanto mais que ele mesmo costumava orar nas alturas dos montes e na solidão dos desertos, onde não havia cubículo nem portas reais. Refere-se o Mestre à retirada do homem para o interior do seu cubículo espiritual, sua alma, seu Eu divino. Para que o homem possa estar nesse cubículo a sós com Deus, é necessário que feche as portas que, habitualmente, o põem em contato com o mundo externo dos sentidos e da inteligência, ou melhor, as atividades decorrentes dessas faculdades: as sensações e os pensamentos. Por via de regra, as sensações físicas e os pensamentos intelectuais dominam a vida do homem comum. Em cada minuto o seu corpo e sua mente são invadidos de grande número de sensações e idéias várias numa ininterrupta sucessão, consciente ou semiconsciente, à guisa do tropel de transeuntes na praça pública de uma das nossas modernas metrópoles. Quem se põe à beira da Times Square de Nova York, ou da rua do Ouvidor do Rio de Janeiro, ou da Praça da Sé de São Paulo, poderá facilmente ver passar diversas centenas de pessoas em menos de um minuto. É bem assim o interior de um homem profano não disciplinado: sua alma é uma praça pública prostituída pelo desordenado tropel de todas as sensações e pensamentos imagináveis. Ele é apenas o cenário público desses hóspedes em incessante vaivém. Esse homem é antes o objeto e a vítima desse processo do que o sujeito e senhor dele, porque está inteiramente à mercê desses sentimentos do corpo e desses pensamentos do intelecto — e tanto pior é essa escravidão quanto menos ele se dá conta de que é vítima passiva ou semipassiva desses intrusos.

Quando então esse homem profano e profanado resolve pôr ordem em sua casa e fazer da praça pública de sua alma um canteiro de flores ou um santuário de Deus — verá o que acontece! Logo os sentidos e a mente erguem enorme protesto e universal clamor contra semelhante "inovação"; pois esses servos, habituados a dar ordens à alma e agir com absoluta independência e indisciplina, não querem compreender por que, subitamente, seja colocada à entrada da praça pública a ominosa legenda "trânsito impedido".

Quer dizer que a alma, se quiser estar a sós com seu Deus e Senhor, tem de fechar a porta a esses servos insubmissos; deve mesmo trancar a porta de dentro e não atender a nenhuma reclamação da parte dos insubmissos.

Levará muito tempo até que os sentidos e o intelecto se habituem a esse novo regime de obediência e disciplina; como crianças travessas, farão enorme barulho do outro lado da porta — até que, aos poucos, muito aos poucos, talvez só depois de meses ou anos, os rebeldes resolvam entregar as armas, porque se cansaram da sua rebeldia infrutífera — se é que o Espírito dispõe da necessária energia para fazer valer a sua autoridade.

Dia virá, porém, em que os sentidos e a mente se submeterão plenamente à divina autonomia da alma — e nesse dia alvissareiro poderá a alma abrir a porta do santuário e convidar os "convertidos" a ajoelhar com ela ao pé do altar e tomar parte, em grande silêncio, no culto divino. E é só então que esse culto, presidido pela alma, se torna um culto completo e integral. Já não é apenas a alma que ora, é o homem total que está em íntima comunhão com Deus.

E então começará o homem a saber que Deus não somente cura a alma, mas também a mente e o corpo — que Jesus Cristo veio para salvar o homem total, e não apenas a alma humana.

Quando o homem medita, deve, ao menos no princípio, impor silêncio tanto às sensações do corpo como aos pensamentos do intelecto. Meditação não é leitura espiritual; não é estudo ou análise de textos sacros; meditar é focalizar a nossa consciência espiritual em Deus, pôr a alma bem dentro da luz divina e deixá-la imóvel no meio dessa irradiação, como uma planta colocada em plena luz solar, com as mãozinhas das verdes folhas erguidas ao céu, em silenciosa prece ao astro benéfico, que tudo opera na planta — vida, beleza, alegria —, contanto que esta seja devidamente receptiva e heliotrópica. De fato, a alma do orante é antes objeto que sujeito, pois não é ela propriamente que faz aquilo que está acontecendo, é Deus que o faz nela, para ela; basta que a alma do orante seja receptiva para as maravilhas divinas que nela são produzidas durante essa intensa e silenciosa diatermia celeste, essa gloriosa "passividade dinâmica" que é a oração...

O gênio, quando está sendo "inspirado", é vastamente receptivo, e quanto maior for a sua receptividade, tanto maior será a abundância de dons que vai receber. O homem espiritual pertence à raça dos gênios, e sua grandeza consiste essencialmente na finura e perfeição da sua receptividade espiritual. Deus não conhece acepção de pessoas nem favoritismo; está sempre ao redor e dentro de cada homem, sempre disposto a enriquecê-lo com a abundância dos seus dons; mas nem todos os homens oferecem ao impacto da graça divina o mesmo grau de receptividade, e por isso nem todos recebem medida igual de dons divinos.

Com efeito, nenhum homem pode fazer coisas grandes — mas grandes coisas podem ser feitas por intermédio do homem que dentro de si criar o ambiente propício para esses grandes feitos de Deus.

Nenhum homem pode achar a Deus — mas Deus pode achar o homem, contanto que o homem seja achável, isto é, prepare o caminho por onde Deus possa transitar até achar o homem.

Quanto mais a alma se nutre de Deus, mais fome tem de Deus.

Quanto mais luz absorve, mais heliotrópica (sedenta de luz) se vai tornando.

O misterioso teotropismo (sede de Deus) inato em cada alma, uma vez atualizado, aumenta a potência teotrópica da alma, numa progressão indefinida.

Quanto mais a alma saboreia a Deus, tanto mais veemente se torna nela o anseio de o saborear e possuir cada vez mais.

No terreno da manducação física, pode a fome converter-se em fastio — mas, nas regiões do mundo espiritual, a alma faminta de Deus, quanto mais goza e saboreia a Deus, maior fome sente de Deus. Mas essa fome é uma deliciosa tortura, sem a qual a alma experiente já não pode viver feliz, porquanto ela sabe que incomparavelmente mais desejável é o tormento dos que conhecem e amam a Deus do que todos os prazeres dos que o ignoram e desamam.

Quanto mais prolongada e, sobretudo, quanto mais intensa e profunda for essa divina diatermia, esse silêncio fecundo da oração, esse banho de luz que a alma toma durante a meditação — tanto mais forte, sadia e feliz sairá a alma desse ambiente divino para os trabalhos de cada dia. E todos esses trabalhos serão aureolados de um como que halo dessa luz divina, de maneira que o homem achará leves os trabalhos mais pesados, porque ele mesmo se tornou leve, etéreo, espiritual — e não há nada no mundo que o homem não possa suportar, contanto que seja capaz de suportar a si mesmo... A imensa maioria dos homens que condenam os outros homens e o mundo ignoram, ou procuram ignorar, que a verdadeira razão dessa intolerabilidade de tudo e de todos está dentro deles. A verdadeira meditação elimina essa intolerabilidade própria; o homem espiritual aprende a grande arte de se tolerar a si mesmo, e por isso acha toleráveis os outros homens e o mundo em derredor.

Lugar e tempo

É necessário que o homem escolha, para a meditação, tempo e lugar apropriados. Seria erro funesto, por exemplo, querer dedicar a essa ocupação importantíssima a pior meia hora das vinte e quatro horas do dia; talvez o período depois dos trabalhos profissionais, quando corpo, mente e alma estão derreados de fadiga e suspiram por um pouco de repouso. É necessário reservar para a comunhão com Deus a melhor meia hora, ou hora, do dia, quando todas as faculdades do homem estejam em perfeita calma e equilíbrio; porquanto a meditação bem feita não é algum doce e indolente devaneio, semi-sonâmbulo, mas é, pelo menos no princípio, um trabalho pesado, que reclama todas as energias do nosso ser.

Nem convém meditar num lugar onde se possa ser facilmente perturbado. Quem não encontrar em casa um cantinho sossegado e não-devassável fará bem em procurá-lo fora de casa, em plena natureza, ou então na doce penumbra de alguma igreja aberta, onde, à sombra de uma coluna, encontrará facilmente o ambiente desejado e seguro contra incursões indébitas.

Há, nas vinte e quatro horas do dia, dois períodos especialmente favoráveis à meditação: um de manhã e outro à noite.

Para muitos, a melhor hora para entrar numa profunda comunhão com Deus é a primeira parte do dia, que se segue imediatamente ao despertar, precedendo ou coincidindo com o nascer do sol. Nesse tempo, o corpo se acha bem descansado, e o espírito é, por assim dizer, carta branca, puro, virgem, ainda não repleto do ruidoso tropel de sentimentos e pensamentos que durante o dia o invadirá, direta ou indiretamente. Acaba a mente de voltar de mundos longínquos; ressuscitou, por assim dizer, do túmulo do inconsciente ou subconsciente em que esteve como que sepulta por várias horas. É grande a tranqüilidade física, mental e espiritual, nessa hora matutina.

Além disso, nessa hora solene, o ambiente está livre de disturbantes vibrações, não somente físicas, senão também mentais, porque o hemisfério ainda não acordou plenamente. Os que costumam levantar tarde, naturalmente, perdem essa grande vantagem.

Também a luz solar é mais tranqüila ao romper as trevas, do que mais tarde, em plena radiação.

Outros há que preferem fazer a sua meditação ao anoitecer, depois dos trabalhos diários, ou ainda na hora que precede imediatamente o sono. Nesses casos, é sumamente recomendável que, antes de iniciarem a concentração espiritual, tomem um banho ou chuveiro, para acalmar o organismo e regular as vibrações dos nervos. Verão que essa prática é notavelmente vantajosa para a meditação noturna. Em qualquer hipótese, não convém fazer meditação em estado de cansaço ou sonolência, porque a concentração espiritual, longe de ser uma espécie de semiconsciente devaneio, como dissemos, é trabalho pesado e sério e exige todas as forças, físicas, mentais e espirituais, do homem.

A vantagem principal da meditação feita pouco antes de adormecer está, provavelmente, no fato de que a consciência espiritual com que adormecemos persiste, em parte, durante o sono, prolonga-se, aprofunda-se, invade as zonas inconscientes do nosso ser, fecundando beneficamente o nosso Eu. Não raro, o homem acorda com os mesmos pensamentos, ou, digamos, a mesma consciência espiritual com que adormeceu, e isso é sumamente vantajoso para sua evolução rumo à consciência universal. Grandes revelações têm sido feitas, como a própria Bíblia atesta, durante o sono, porque a alma não conhece sono; o que dorme são apenas os sentidos e, parcialmente, a inteligência.

A treva e a semiluz são, geralmente, propícias à meditação. Luz ligeiramente azulada ou esverdeada é preferível a outras tonalidades.

Aos principiantes, convém ouvir música concentrativa durante a meditação, preferivelmente à surdina, e sem palavras. Certas vibrações audíveis, quando sintonizadas com as vibrações espirituais, facilitam a entrada e permanência nesse mundo espiritual, que é essencialmente beleza e harmonia.

A meditação, no princípio consciente, passa a ser superconsciente, quando atinge as alturas da contemplação, que é o início do *samadhi* ou êxtase (*ekstasis* quer dizer "posição fora", isto é, um estado de consciência para além da consciência habitual). E nesse estado superconsciente entra a alma em solilóquio consigo mesma, passando, não raro, a um colóquio ou diálogo com o Espírito Cósmico (Deus), cuja presença é deliciosamente sentida e saboreada nessa zona de inefável beatitude.

O retorno à consciência habitual não significa um total esquecimento da experiência mística do êxtase; pelo contrário, a luz e força hauridas no *samadhi* penetram misteriosamente toda a vida profissional do homem, transformando-o beneficamente em todos os setores.

Em suma: é necessário que cada um descubra o que melhor condiga com o seu gênio individual e se aperfeiçoe nesse caminho. Mas não deixe de ser absolutamente sincero e honesto consigo mesmo, nada fazendo por simples complacência; vá sempre, inexoravelmente, em busca da verdade libertadora.

Atitude corpórea

Em razão da íntima correlação que vigora entre corpo e alma, é de suma conveniência que, enquanto a alma se entrega à meditação, o corpo mantenha uma atitude compatível com essa atividade da alma. A melhor posição do corpo, durante a meditação, é estar sentado naturalmente, se possível em cadeira de assento duro e encosto vertical. A espinha dorsal assume atitude ereta, normal; as pernas, não cruzadas, ficam em posição espontânea, formando ângulo reto na junção com o corpo e nos joelhos; as mãos, de palmas para cima, pousam naturalmente no regaço ou sobre as coxas; os olhos conservam-se ligeiramente fechados — tudo isso, que aos inexperientes talvez pareça arbitrário ou artificial, é perfeitamente natural e espontâneo para quem, de fato, se acha imerso em profunda comunhão com Deus.

Durante essa profunda concentração espiritual, o homem não sente necessidade de se remexer nervosamente na cadeira, movimentar os braços ou as pernas, tossir, olhar em derredor, pender o corpo ora para a frente, ora para a direita, ora para a esquerda, tamborilar com os dedos sobre a mesa, ou executar outro movimento qualquer de que é vítima constante o homem sem disciplina espiritual.

Respiração controlada

No princípio da meditação convém fazer algumas inalações e exalações profundas e completas, enchendo e esvaziando totalmente os pulmões e retendo o ar, por alguns momentos, entre os dois movimentos. Durante o resto da meditação não convém praticar esse exercício de respiração controlada, mas respirar normalmente. O meditante verificará que, quanto mais profunda e intensa for a concentração mental e espiritual, tanto mais leve e imperceptível se vai tornando a respiração, baixando do normal de 15 ou 16 a 6 ou 5 por minuto. Exercícios físicos aumentam, exercícios mentais ou espirituais diminuem automaticamente o número de movimentos respiratórios.

A torrente aérea que entra nos pulmões conduz o oxigênio vitalizante, que dá cor vermelha ao sangue; a torrente que sai leva consigo o dióxido de carbono, tingindo de azul o sangue e libertando o corpo dos venenosos resíduos do desgaste. Por meio de respiração profunda e completa pode o homem vitalizar o seu organismo e desintoxicá-lo.

Se o meditante focalizar espiritualmente a torrente rubra do oxigênio, este se converte em prana ou força vital espiritual, adquirindo alta voltagem, que vitaliza não só o corpo, senão também a alma. Associando esse exercício de *pranayama* ao de jejum espiritualizado, consegue-se voltagem mais alta ainda para a experiência superior, porque tanto o oxigênio do ar como as calorias dos alimentos assimilados passam por um processo de alquimia ou transmutação de valores, sob o impacto do espírito.

"Nem só de pão vive o homem, mas também de todo verbo (vibração) que sai da boca de Deus" — nem só da vibração material do ar e do alimento físico vive o homem, mas também das vibrações imateriais do universo espiritual, suposto que o homem se tenha habituado a captar essas ondas curtas do mundo superior.

Focalizando a consciência espiritual

Durante a contemplação, como dissemos, todo o nosso Eu espiritual deve estar, fixa e intensamente, focalizado num único ponto essencial, sem discorrer intelectualmente daqui para acolá. É como a aguda lâmina de uma chama em intensíssima vibração, sem irrequietos bruxuleios, sinal de baixa freqüência. Para facilitar essa focalização imóvel, muitas pessoas se servem de certas palavras que repetem internamente, sem mover os lábios, como sejam: "Eu e o Pai somos um", ou: "Quem é Deus, quem sou eu?", ou: "Cristo vive em mim". Os iogues orientais costumam repetir: "AUM", sacro trigrama da Divindade, que simboliza as consciências corporal, mental e espiritual.

Essas e outras técnicas servem para focalizar e estabilizar a consciência espiritual na grande Realidade, Deus. Quanto mais intensa e diuturna for essa consciência divina, tanto maior abundância de luz e força receberá o meditante, porquanto o grau do *recebimento* depende do grau da *receptividade*. Deus é o grande *Doador*, o homem é apenas *recebedor*, e quanto mais o recebedor alargar os seus espaços internos tanto maior será a dádiva que do Doador receberá. Essa focalização da consciência espiritual equivale a um progressivo alargamento dos espaços internos do Eu divino no homem.

É como que uma *passividade dinâmica*, a criação de um grande vácuo para atrair a divina *Plenitude*, a formação de um pólo *negativo* para chamar o pólo *positivo*, uma descida ao *nadir* do pequeno ego humano a fim de possibilitar a subida ao *zênite* do grande Eu divino.

Entretanto, todas essas tentativas de explicação simbólica não passam de palavras ocas e sem sentido para o homem inexperiente. Só a experiência direta, imediata, é que pode encher de um conteúdo esses contentores vazios, porque só o *divino Simbolizado* é que dá sentido a esses *símbolos humanos*. De fato, só *sabe* o que é Deus quem o *saboreia*, quem o experimenta e vive pessoalmente, nas íntimas profundezas do seu ser.

Mas esse encontro pessoal com Deus é cercado de eterno silêncio e impenetrável mistério para todos os profanos — só o conhece o iniciado, o homem renascido pelo espírito, a nova creatura em Cristo.

Ainda que alguém iniciasse essa vida de comunhão diária com Deus apenas no último quartel da sua existência terrestre, não tardaria a verificar a mudança benéfica que essa prática produzirá na sua vida, não apenas no plano propriamente espiritual, mas também em todos os setores da sua vida material, mental e social.

Criação de um ambiente ético-espiritual

Qualquer agricultor sabe que a melhor das sementes não brota, se não tiver ambiente propício. Colocada sobre a mesa, a mais vigorosa das sementes continua inerte; mas, quando colocada no fundo da terra, com suficiente umidade e exposta ao calor solar, não tardará a brotar. Solo e sol são os requisitos indispensáveis para que a vida potencial da semente possa transformar-se na vida atual da planta. Umidade sem calor faz apodrecer, calor sem umidade faz ressecar a semente. Mas a síntese dos dois fatores cria ambiente favorável para a germinação.

O mesmo acontece no campo da "agricultura" espiritual. Nenhum homem chega a ter verdadeira experiência de Deus sem a criação de um ambiente favorável. As técnicas, por mais perfeitas, não surtem resultado, se lhes faltar a atmosfera ético-espiritual. As técnicas rituais, mentais ou materiais, são como o lubrificante do motor; mas nenhum motor trabalha só com lubrificantes, sem combustível; o lubrificante serve para amaciar os movimentos e reduzir o desgaste, mas não pode substituir o combustível.

No Sermão da Montanha encontramos um método completo para criar um ambiente ético-espiritual.

A filosofia espiritual do Oriente reduziu a poucos itens os requisitos principais para a criação dessa atmosfera propícia à iniciação espiritual. Passaremos a expor, com ligeiros comentários elucidativos e algumas modificações, esses itens.

* * *

1. *"Antes que os teus olhos possam ver as glórias divinas, devem eles ser incapazes de chorar"*.

Por que chora ou se entristece o homem profano?

Porque perdeu certa quantidade de matéria-morta; porque seu ego físico sofre dores; porque seu ego mental foi humilhado; porque seu ego emocional foi ofendido; porque ele foi preterido, tratado com ingratidão; porque ninguém lhe aplaudiu os trabalhos; porque alguém o vaiou ou zombou dele; porque, em vez de sucesso, lhe veio insucesso — por todas essas razões o homem profano chora e se lamenta e se sente frustrado.

Nesse ambiente de egoísmo, ambição, cobiça e orgulho não germina a semente divina, o "tesouro oculto do reino de Deus", que está nele, mas não pode brotar. Para que o homem possa ver as glórias divinas dentro de si mesmo e levá-las à plena magnificência de flores e frutos, deve ele aprender a não chorar por nenhum desses ídolos pueris do seu velho ego.

2. *"Antes que os teus ouvidos possam ouvir as sinfonias do mundo superior, devem eles ter perdido toda a sensibilidade"*.

O homem profano gosta de ouvir louvores, elogios, aplausos, reconhecimento; e detesta ouvir qualquer censura ou repreensão. Acredita piamente na verdade de todos os elogios dos amigos — mas acha que são pura mentira e malquerença todos os vitupérios de seus inimigos, e planeja vingança contra eles. É essa a voz do velho ego, que torna o homem surdo às melodias da verdade. Só depois de se tornar surdo e insensível a louvores falazes, sem se sentir frustrado com censuras, é que ele começa a escutar a voz divina da sua consciência, e sabe que não é melhor porque o louvam nem é pior porque o censuram, mas é de fato o que é aos olhos de Deus e da sua consciência honesta.

3. *"Antes que o homem possa falar na presença dos Mestres, deve ele ter perdido a possibilidade de ferir".*

O homem profano está sempre disposto a ferir, não apenas fisicamente, matando seres vivos para sua satisfação pessoal, mas é também um canibal no plano ético, ferindo reputações alheias com o veneno das suas maledicências, denegrindo outros para que ele mesmo possa brilhar.

Toda maledicência é atestado de raquitismo espiritual.

Toda maledicência é prova de fraqueza moral.

Quem possui dentro da sua consciência o testemunho da luz da verdade e do amor não necessita de apagar luzes alheias para fazer brilhar a sua luz. Só o vaga-lume necessita das trevas para luzir, porque muito fraca é a sua luz.

Difícil é suportar derrotas próprias — mais difícil ainda é, para o homem profano, suportar vitórias alheias.

Para que o homem possa falar na assembléia dos grandes Mestres espirituais, deve ele mesmo ser mestre em benevolência e beneficência, amparando o que Deus ampara, amando o que Deus ama, ele, "que não quebra a cana fendida, nem apaga a mecha ainda fumegante".

4. *"Antes que o homem possa receber os tesouros dos céus, deve ele estar disposto a perder todos os tesouros da terra".*

O apego interno aos bens materiais é, talvez, o maior obstáculo no caminho da iluminação interior. O pequeno "eu" é tão fraco que se cerca de muitos "meus"; é tão inseguro que ergue vastas trincheiras de "seguros de vida", para se sentir menos inseguro.

"Se alguém não renunciar a tudo que tem, não pode ser meu discípulo."

O "ter" é o maior inimigo do "ser".

Quem *tem* algo dificilmente pode *ser* alguém.

É tão difícil para o rico adquirir sabedoria como para o sábio é difícil adquirir riquezas.

"É mais fácil um camelo passar pelo fundo de uma agulha do que um rico entrar no reino dos céus."

O "ter" é do velho ego humano — o "ser" é do novo Eu divino.

A maior dificuldade não está, propriamente, no fato de alguém possuir bens externos; o que mais o escraviza é a atitude interna de escravização e apego a esses bens — e essa escravidão pode obsedar até aquele que pouco ou nada possui, mas vive, dia e noite, a cobiçar bens materiais, embora não os consiga possuir externamente.

Pode o homem ser escravo daquilo que não possui — e pode ser também livre daquilo que possui. A pior das escravidões é o incessante desejo de possuir, a idolatria dos bens materiais.

A "pobreza pelo espírito" é o desapego interior de qualquer bem material, quer possuído quer não-possuído.

Quem, em virtude da sua profissão, deve possuir externamente bens materiais deve aprender a possuí-los sem ser por eles possuído; deve ser um possuidor não possuído. Difícil é a arte de ser pobre — mais difícil ainda é a arte de ser rico. Muitos são pobres, muitos são ricos — poucos sabem ser pobres, pouquíssimos sabem ser ricos.

O possuidor não possuído se considera não um proprietário e dono dos seus bens materiais, mas um simples administrador temporário de uma parte do patrimônio de Deus em prol da humanidade.

5. *"Antes que o homem possa elevar-se à altura dos Mestres, é preciso que lave os seus pés no sangue do seu coração"*.

O sofrimento, quando compreendido e aceito, é o último fator de iniciação espiritual. Nenhum ritualismo sacramental, nenhuma espécie de magia mental, nenhuma erudição intelectual, nenhuma técnica de ioga ou ocultismo — nada é capaz de levar o homem para além da fronteira do seu velho ego profano e introduzi-lo no reino do seu novo Eu sagrado. Podem todos os Virgílios levar o homem através do Inferno e do Purgatório — mas só o sofrimento regenerador conhece os mistérios de Beatriz que levam o homem ao Paraíso. Quando o candidato à iniciação divina tiver feito tudo aquilo que devia fazer, falta-lhe ainda o último elemento decisivo, para que possa dar o passo final, cruzando o limiar do santuário — o sofrimento redentor.

Não falamos, precipuamente, de um sofrimento material, nem mesmo moral ou emocional — referimo-nos ao mais acerbo e poderoso de todos os sofrimentos, o *sofrimento meta-físico*. E esse consiste na dolorosa experiência de que todas as grandezas do nosso ego humano, por mais necessárias que talvez sejam, são insuficientes para nos redimir das nossas irredenções; depois de fazermos tudo o que devíamos fazer, temos de confessar: somos servos inúteis!... E, então, náufragos do ego, de quilha quebrada e mastros desarvorados, mortos para todas as nossas grandezas humanas, podemos ser salvos pelo misterioso poder da graça divina a ser lançados a alguma ilha ignota, onde possamos ressuscitar para uma vida nova. Essa experiência trágica, de que tudo que fazemos é necessário, e nada é suficiente, é o mais atroz sofrimento para o nosso orgulhoso ego luciférico.

Esse sofrimento metafísico, quando compreendido e aceito, dá ao nosso velho ego profano o golpe de misericórdia. Antes desse voluntário *egocídio*, é inútil esperar a ressurreição do Eu divino em nós.

Nenhum viandante rumo às alturas atingirá o Everest da verdadeira experiência divina sem que seus pés sejam lavados no sangue do seu coração. O ingresso no reino de Deus supõe e exige uma dolorosa operação cirúrgica, sem anestesia. Não há parto espiritual sem dor. Quem não quiser passar por essa hemorragia interior não entrará no reino dos céus.

"Se o grão de trigo não morrer, ficará estéril, mas, se morrer, produzirá muito fruto."

"Eu morro todos os dias, e é por isso mesmo que eu vivo, mas já não sou eu que vivo — o Cristo vive em mim."

Todos os mestres espirituais são unânimes em exigir a morte do ego humano para que nascer possa o Eu divino.

Entretanto, essa "morte do ego" é, na realidade, uma vitalização e uma integração do pequeno ego profano no grande Eu sagrado. Se o "grão de trigo" (o ego humano) morresse de fato, não daria planta (o Eu divino); o que morre não é a vida da semente, mas é a estreiteza do invólucro que encerra essa vida potencial. Não morre a vida, morre aquilo que impede a vida de se expandir. A vida potencial da semente se expande na vida atual da planta — o pequeno ego ilusório passa a ser o grande Eu verdadeiro. O erro de que o homem seja uma *persona* (máscara) separada do grande Todo Cósmico (Deus) é suplantado pela verdade de que o homem é um ser *indivíduo*, indiviso, não separado, da Vida Universal e que ele pode eternizar a sua vida individual, se a integrar na Vida Universal.

"Eu e o Pai somos um... O Pai está em mim... O Pai também está em vós"...

* * *

Uma vez criado esse ambiente ético-espiritual, pode o homem ingressar no santuário da Verdade e da Vida. Pode "conhecer a Verdade — e a Verdade o libertará"...

Segunda parte

SOLILÓQUIOS COM DEUS

Explicação necessária

Os seguintes solilóquios[1] não são fórmulas de orações, nem tampouco experiência privativa do autor. Toda e qualquer pessoa profundamente imersa no mundo espiritual experimentará, mais ou menos, o mesmo.

Este livro não tem pretensões a ser uma obra literária. Se tal fosse, seriam imperdoáveis as freqüentes repetições que ocorrem nos solilóquios. Mas a alma em comunhão com Deus não vai em busca de novidades e classicismo; repete muitas vezes, com espontânea necessidade, os ecos da sua experiência com Deus.

---

[1] Como em outros livros seus, Rohden, aqui, tenta exprimir em palavras as experiências de sua alma "em comunhão com Deus". (N. do E.)

Venho a ti, Senhor...

Venho a ti, Senhor, como exausto viajor que se aproxima do termo de longa jornada.

Venho a ti, Senhor, como sequioso peregrino do deserto que avista um verde de oásis de água refrigerante.

Venho a ti, Senhor, como o enfermo que anela pela fonte de saúde e vigor.

Venho a ti, ó grande Anônimo de mil nomes, estendendo os braços da minha indigência aos tesouros da tua opulência.

Após a longa noite invernal de uma vida sem amor, és tu a exultante primavera de um amor profundo, vasto, universal.

Dá-me fé, meu Deus, eu te suplico, uma fé tão ardente e poderosa que com a abundância da sua plenitude encha a pobreza da minha vacuidade.

Dá-me alegria, meu Deus, uma alegria tão vasta e profunda que suavize todas as amarguras que sempre encontro no fundo das minhas taças.

Dá-me a tua graça, Senhor, a graça suprema de guardar inalterável serenidade no meio de louvores e vitupérios.

Dá-me o teu próprio Ser, ó Deus, porque sem o céu do teu divino Tu me é intolerável o inferno no meu ego humano.

De ti, Senhor, eu vim; em ti estou; para ti vou — é este o alfa e o ômega da minha vida.

Fizeste-me para ti, Senhor, e inquieto está o meu coração até que ache quietação em ti. Amém.

Ó Cristo eterno e onipresente!

Ó Cristo eterno e onipresente — tu, que tudo permeias e tudo vivificas...

Tu és a realidade central do macrocosmo em derredor — e do microcosmo do meu interior...

Tu és a potência irresistível que arremessa gigantescas esferas pelas vias inexploradas do universo sideral — e tu és a delicada essência que enche de cores e perfumes a modesta florzinha à beira da estrada...

Ó Cristo eterno e onipresente — transcendente a tudo e imanente a tudo...

Tu estás na rumorejante vastidão dos oceanos que circundam os continentes — e tu estás na sorridente beleza do arco-íris a expandir por sobre as nuvens a sua ponte seticolor...

Como a pedra solta no espaço gravita ao centro da Terra; como a planta ergue ao sol as verdes folhas, quais mãozinhas em prece; como a ave migratória, no outono, é impelida irresistivelmente a demandar terras distintas inundadas de luz e calor — assim o meu íntimo Ser anseia por ti, ó Cristo eterno e universal...

No princípio eras tu, o *Logos*, o Espírito criador, o Pensamento dinâmico, o Verbo onipotente — em ti tudo está, de ti tudo vem, a ti tudo volta...

Ó Cristo, o mesmo, ontem, hoje e amanhã — e para sempre...

Sempre antigo — e sempre novo...

Sempre o mesmo — e sempre diferente...

Sei que o teu reino está dentro de mim — mas é ainda um reino ignoto, latente, dormente...

Por isso, oro e suplico, dia a dia: venha o teu reino, venha, venha!...

Que o teu reino ignoto se torne em mim um reino noto, conhecido, que tudo permeie de sua força, que tudo ilumine com sua luz, que tudo vivifique com sua vida, que tudo inunde de sua grande alegria e felicidade...

Que o teu reino, ó Cristo, desperte, enfim, da sua longa hibernação e acorde para a grande primavera da minha vida...

Vai adiantada a noite — é chegada a hora da alvorada de minha alma...

Adeus, trevas antigas — salve, luz nova!...

Quando o teu reino, ó Cristo, despertar em mim, definitivamente, será a minha vida uma vida de maravilhosa compreensão, de um amor universal, uma harmonia sem dissonância, um desejo imenso de servir a todos e de fazer felizes a todos...

E então hei de cancelar do meu vocabulário todos os negativos, ódios e rancores, tristezas e decepções, pecado e doença, morte e inferno — porque todos os velhos negativos serão substituídos pelos novos positivos, amor e benquerença, bondade e altruísmo, céu e vida eterna...

O inferno antigo de querer ser amado, servido e aplaudido será substituído pelo novo céu de querer amar e servir a todos...

Ao velho desejo doentio de querer *receber* sucederá o novo anseio sadio de querer *dar* — dar do que tenho, e dar o que sou...

Dar do meu — e dar o próprio Eu...

Ó Cristo eterno e onipresente!

Revela-te, finalmente, em mim!

Nasce dentro de mim!

Faze de minha alma a tua nova Belém, a tua manjedoura, o teu berço de Natal!

E cantarei, como os anjos do céu e os pastores da terra: glória a Deus nas alturas — e paz na terra aos homens de boa vontade!...

Ó Cristo eterno e onipresente!

Colóquio com o Eterno

Deus eterno e infinito...
Aqui estou, feito silêncio em face do teu verbo...
Diante de ti, nada quero *fazer* — só quero *ser feito*...
Feito por ti, em ti, para ti...
Adormeceram, nesta luminosa noite da tua presença, os meus sentidos.
Emudeceu a inteligência.
Calou-se a própria razão...
Todo o meu ser é um silêncio imenso, profundo, absoluto...
Nada mais existe do mundo periférico, que tanto me interessava outrora...
Só existes tu, a grande Realidade central...
Todo o resto acabou em zero, num vácuo universal...
Como é bom estar contigo, a sós, neste deserto querido!
Nada mais quero *ter* — só quero *ser*...
Ser o que tu me fizeres.
E quero ser fiel a esse ser feito por ti.
Porque esse ser é obra tua, algo de ti mesmo.
Eu sou um pouco de argila plasmável em tuas mãos — manipula-me, divino oleiro!
Dá-me a forma que quiseres...
A forma que me deres me será querida — não por ser esta ou aquela forma, mas por ser dada por ti.
Ainda que, por absurdo, a forma que deres a este punhado de argila fosse feia, horrivelmente hedionda — para mim seria infinitamente bela, porque seria dádiva tua, ó Beleza absoluta!
O próprio inferno, se fosse obra tua, seria um paraíso.
Fiz um armistício perpétuo comigo mesmo — um eterno tratado de paz.

A vida nada me pode dar — porque nada quero de meu...

A morte nada me pode tirar — porque nada desejo possuir...

Sou livre, absolutamente livre de posse e desejo — porque sou teu...

Desnasci para o mundo e para mim — renasci para ti...

A princípio, receava eu perder-me em ti — com medo de que a minha diluição em ti fosse uma despersonalização de mim mesmo...

Hoje, porém, que me afastei de mim mesmo e me abismei em ti, sou mais meu do que outrora, quando andava agarrado a mim — longe de ti...

Perto de mim perdi-me e perdi-te a ti — longe de mim achei-me... em ti...

De encontro a todas as filosofias humanas, tive de aprender, por entre agonias, esta divina sabedoria: que o caminho único que conduz ao meu verdadeiro Eu vai através de ti — porque tu és a essência do meu Eu...

Não há caminho direto para o Eu — só há um caminho indireto, *via* Deus.

Fui obrigado a *des-ser* o que era — a fim de *re-ser* o que não era ou deixara de ser pelo afastamento de ti.

Toda vez que me procurei sem ti não me encontrei — nem te encontrei a ti.

É esta a mais difícil de todas as coisas difíceis: convencer-se o homem de que tu és o caminho, a porta e a chave para o Eu; que o ego tem de desegoficar-se a fim de se divinizar.

Só o teu grande Tu pode fazer deste pequeno pseudo-eu um grande e verdadeiro Eu.

Desde que me encontrei em ti, meu divino Tu, amainaram todas as tempestades dentro de mim; rugem lá fora, é verdade, muito longe, na extrema periferia do ego, mas não atingem o centro onde estou — onde estamos...

* * *

Há, no meu antigo vocabulário, uma palavra estranha e obsoleta, que hoje não passa de um invólucro sem conteúdo: morte.

É como uma dessas casquinhas de quitina que a borboleta deixa suspensa no galho quando sai da crisálida e se lança aos ares cheios de luz.

Quem foi que inventou esta palavra ridícula e blasfema: morte?

Como poderia existir morte nos domínios da Vida universal?

Quem crê na morte descrê na vida — assim como afirma as trevas quem desafirma a luz.

Tempo houve em que eu, a exemplo de outros, tentava provar a imortalidade — como se tal coisa se pudesse provar cientificamente!

Despendi muito talento, tempo e tinta, nesse tentame ridículo.

Só conhece a vida quem a vive — quem não a vive não sabe o que é vida, ainda que a pudesse definir com impecáveis silogismos e demonstrar com A mais B.

Só conhece a vida eterna quem a vive — e a vida eterna começa agora e aqui...

Há coisas que não se podem ensinar nem aprender — só se podem viver...

Também, para que provar a imortalidade? Quem a experimenta em si não necessita de provas — e quem não a experimenta não se rende a prova alguma.

Prova alguma é necessária nem suficiente — quando todas as provas são supérfluas.

Quem se encontrou contigo, Senhor, não crê na vida eterna — ele vive essa vida sem fim.

Vive-a, já agora — e a viverá sem fim...

Crer, só se pode numa coisa longínqua, obscura, transcendente — viver é um ato propínquo, claro, imanente...

Viver-te, Senhor, é ter vida eterna — mas como poderia alguém viver-te sem que tu o vivesses primeiro?

Só um Eu vivido pelo teu Tu é que pode viver-te realmente.

"Já não vivo eu — o Cristo é que vive em mim"...

Ou melhor: "O Cristo é que me vive — eu sou vivido pelo Cristo"...

Antes, era eu vivido pela pequenez do meu Ego humano — agora sou vivido pela grandeza do Tu divino...

E dentro desta grandeza divina até a humana pequenez fica grande...

E grande é o meu Eu humano, porque é participante da natureza divina — é imagem e semelhança de Deus...

Alvorada de minha vida

Quem és tu, quem quer que sejas, que possas ficar indiferente em face da alvorada divina que em mim despontou?...

Como podes dizer que não te interessa o que aconteceu?...

A epopéia de um novo mundo de luz, o drama de um novo gênesis que em minha alma surgiu?...

Como podes portar-te como se nada acontecera? Como se as trevas antigas continuassem a envolver-me?...

Quem pode continuar a ser o mesmo homem, a mesma mulher de sempre, depois que oceanos de claridade divina se espraiaram por todas as latitudes e longitudes do seu ser?...

Não sabeis, então, irmãos meus da grande família humana, não sabeis que varri da soleira da minha porta todo o lixo da minha vida de outrora?

Ignorais, porventura, que nasci hoje? Que deixei o seio tenebroso da velha creatura material e sou uma nova creatura espiritual no Cristo?

Não vistes o poente da minha ignorância tradicional e o nascente da sapiência divina clarear os horizontes da minha jornada terrestre?

Não sabeis o que em mim aconteceu?

Aconteceu o universo inteiro...

Aconteceu Deus em mim...

Muitos, muitíssimos, choraram e soluçaram ao redor e por detrás de mim, quando me viram entrar no silencioso deserto da vida espiritual... Muitos me profetizaram que eu não suportaria essa vasta solitude de Deus, longe do mundo, longe de tantas coisas e pessoas queridas de antanho...

De mãos suplicantes e olhos úmidos me rogaram não me jogasse às ondas bravias do mar da Divindade, não me embrenhasse na misteriosa floresta do reino de Deus...

Pobres deles, esses inexperientes! Não sabem que os desertos de Deus não são uma triste vacuidade, como parecem aos olhos profanos, mas uma jubilosa plenitude, um paraíso imenso de vida, de cores, de música, de inefável beatitude...

Mais dia menos dia, também eles, os profanos de hoje, os iniciados de amanhã, compreenderão essa verdade libertadora e seguirão o mesmo caminho da redenção, da paz, da felicidade...

Também, como poderia eu voltar atrás? Se nem posso querer esse regresso?... Uma vez que a alma atingiu determinado ponto de sua longa jornada rumo a Deus, já não pode voltar para donde veio...

Inebriada da grandeza e suavidade do Infinito, já não pode a alma encontrar sabor nas coisas finitas — amargas lhe parecem as mais doces doçuras dos profanos, e dulcíssimo lhe apetece aquilo que os analfabetos de Deus chamam amargura...

E, se usa as coisas mundanas, só as usa porque são mensageiras de Deus, ecos de uma voz querida, reflexos do sol divino...

Não sabeis, então, meus irmãos, o que aconteceu comigo?

Aconteceu o universo inteiro — porque comigo aconteceu Deus, ele, a íntima essência de todas as coisas...

Ele, é verdade, estava sempre comigo — mas eu andava longe dele. Eu, pela ignorância da presença dele em mim, estava ausente dele, que estava sempre presente, onipresente. Agora, porém, estou presente àquele que estava sempre presente a mim, sem que eu o soubesse. Agora sei da sua presença, da sua eterna imanência dentro de mim. Descobri o reino de Deus dentro de mim — esse reino que estava sempre em mim, mas eu andava fora dele, porque a escuridão da minha ignorância espiritual me tolhia os olhos. Dissipou-se a velha escuridão da minha vida profana, e soou o *fiat lux* creador do meu renascimento pelo espírito...

Como é, irmãos meus, como é que podeis viver como se nada de grande tivesse acontecido? Como se não fora creado um novo mundo?...

Depois daquilo que aconteceu dentro de mim, tudo pode acontecer ao redor de mim...

Podem acontecer as coisas mais impossíveis...

Pode acontecer que sejam derrotados definitivamente os dois inimigos mortais da minha felicidade: o *temor* e o *ódio* — e, de fato, já foram derrotados...

Nada mais *temo*, nem a própria morte, porque a morte já não existe para quem descobriu a vida eterna...

Nada mais *odeio*, nem os meus piores inimigos de ontem, porque deixaram de existir para quem submergiu no oceano do amor universal...

Livre de temor e de ódio — que me faltaria para a entrada no reino dos céus?...

Depois daquilo que aconteceu dentro de mim, todas as coisas grandes e belas estão acontecendo ao redor de mim...

Realmente, quando alguém procura e descobre o reino de Deus e sua justiça, todas as outras coisas lhe são dadas de acréscimo...

Arde-me na alma uma sede imensa de fazer felizes a todos os infelizes.

De consolar os aflitos...

De enriquecer os pobres...

De abrir os olhos aos cegos...

De dar ouvido aos surdos...

De restituir saúde aos doentes...

De dar vida aos mortos...

De extinguir todos os infernos e acender todos os céus sobre a face da terra...

Já não compreendo o meu desejo antigo de querer sempre receber, receber, receber — quando é tão divinamente belo dar, dar, dar...

Dar o que tenho e, mais ainda, dar o que sou...

Dar do que é meu — e dar o próprio Eu...

Realmente, o desejo de receber é doença, a vontade de dar é saúde...

Outrora, quando profano e analfabeto, cuidava eu que o *receber* me enriquecesse — hoje, porém, sei que o receber empobrece e o *dar* enriquece...

O desejo de receber estreita os espaços internos de minha alma, até o ponto de asfixiá-la num egoísmo mortífero — a alegria de dar alarga ao infinito as amplitudes do espírito, até atingir o trono de Deus...

Desse Deus que sempre dá e nunca recebe...

Tanto mais divino é o homem quanto mais gosta de dar de si e quanto menos deseja receber dos outros...

Tanto mais o homem recebe de Deus quanto mais dá aos homens, e quanto menos espera receber dos homens...

Realmente, "há mais felicidade em dar do que em receber"...

Quantos anos foram necessários para que eu compreendesse essa matemática divina!...

Horrorizado de mim mesmo, relembro o tempo tenebroso quando eu queria entrar no céu sem os outros... Quando o meu maior desejo era a minha salvação individual... Quando eu, egoisticamente, acreditava numa eterna bem-aventurança para uns e numa eterna condenação para outros...

Acreditava num céu povoado de um grupo seleto de egoístas a cantar eternamente a aleluia da sua felicidade individual, indiferentes para os sofrimentos eternos de milhares e milhões de seus irmãos...

Meu Deus! Como poderia eu ser feliz enquanto um só dos meus irmãos humanos não tivesse ao menos a possibilidade, propínqua ou longínqua, de ser feliz também?...

Bem sei que longa é a jornada para uns, e menos longa para outros viajores — pouco importa! Contanto que todos eles tenham a possibilidade final de atingir o seu verdadeiro destino. Mas eu negava essa possibilidade, e, assim mesmo, julgava poder ser feliz ao lado de outros, infelizes para sempre...

Faltava-me, nesse tempo tenebroso, o senso da solidariedade humana, o espírito da "comunhão dos santos", a universalidade do amor de Cristo...

Perdoa-me, Senhor, o sacrilégio de ter, um dia, pensado tão egoisticamente, tão anticristicamente, tão antidivinamente — e perdoa também aqueles que, certamente de boa-fé, me ensinaram em nome de Cristo coisa tão anticrística...

Desde que a tua grande luz rasgou as minhas trevas, aboli definitivamente todos os meus egoísmos, mesmo os mais queridos e "sagrados", e proclamei irrevogavelmente a universalidade do teu amor...

Desde então, muita coisa em mim morreu — e muita coisa em mim nasceu...

Morreu o homem velho — e nasceu o homem novo...

Morreu o egoísta — e nasceu o altruísta...

Morreu o Satã — e nasceu o Cristo dentro de mim...

Eu sou uma nova Belém, onde Jesus nasceu...

Eu sou um novo Gólgota, onde Jesus morreu...

Eu sou um novo Tabor, onde Jesus é transfigurado...

Desde esse tempo o mundo inteiro me parece diferente...

O mundo, é verdade, continua a ser o mesmo que dantes — mas eu já não sou o mesmo, e, como não vemos as coisas como elas são, mas como nós somos, vejo tudo numa nova luz, desde que em mim despontou a grande alvorada...

Desde que descobri o Deus do mundo, descobri também o mundo de Deus...

Ai de quem descobre o mundo sem Deus!

Feliz de quem descobre o mundo em Deus — porque descobrirá o Deus do mundo...

Quem ama o Deus do mundo ama também o mundo de Deus.

Identificado com Deus, como poderia deixar de amar o que Deus ama?

Deus, porém, "a tal ponto amou o mundo que lhe enviou seu filho unigênito, para que todos que nele crêem não pereçam, mas tenham a vida eterna"...

Como podia eu cometer o sacrilégio de desamar o que Deus ama?

Todo ato de desamor para com uma creatura é uma apostasia do Creador.

Despontou a idade áurea da minha vida!

Dentro dessa grande luz da experiência mística quero viver uma vida ética integral.

Não essa ética tristonha, lúgubre, sacrificial — mas uma ética sorridente, jubilosa, levada sobre as asas de um grande entusiasmo.

Não quero apenas ser *bom*, quero ser *jubilosamente bom*, quero que a minha vida espiritual seja aureolada de tão radiante alegria e juventude que todo o mundo, ao ver-me, veja intuitivamente que não há coisa mais bela, querida e jubilosa do que ser bom, espontaneamente bom, silenciosamente bom, radiantemente bom — assim como Deus é bom...

Realmente, não há apostolado mais irresistível do que viver um cristianismo radiante, uma espiritualidade eternamente primaveril...

Ser radiantemente bom é ser fiel a si mesmo, porque é ser fiel a Deus.

* * *

"Não me move, Senhor, para querer-te
A glória que me tens prometido,
Nem me move o inferno tão temido,
Para deixar por isso de ofender-te.
Minha alma em te amar tanto se esmera
Que, ainda a faltar o céu, eu te amara,
E, não havendo inferno, eu te temera;
Nada, por te amar, de ti espero,
E ainda o que espero não esperara,
O mesmo que te quero eu te quisera"...

Canção de minha alma

Ao convalescer do "receber" para o "dar"

Deus de minha alma! Quantos anos e decênios andei enfermo, profundamente enfermo, sem o saber!...

Naquele tempo, quando eu chamava saúde a minha doença; sanidade, a minha insânia; riqueza, a minha indigência; vidência, a minha cegueira...

Haviam-me dito — os insipientes que, como eu, ignoravam a sua ignorância — que a felicidade consistia em receber; que tanto mais feliz era o homem quanto mais recebia dos outros.

Corri os olhos em derredor... e vi a turbamulta empenhada em caça frenética à linda borboleta "Felicidade".

Matriculei-me na escola — digo, nos jardins — de Epicuro, e associei-me à legião imensa dos caçadores da linda borboleta...

Intensifiquei em mim o desejo de receber, receber, receber...

E, quanto mais recebia, mais desejava receber...

A posse aumentava o desejo de possuir.

Mas, como o possuível era sempre maior que o possuído, sentia-me infeliz...

Verifiquei que a distância que mediava entre o que eu possuía e o que desejava possuir era a bitola da minha infelicidade...

E essa distância fatal crescia de dia a dia, na razão direta do desejo de possuir e da posse do desejado.

Reconheci o erro da minha matemática —

Arrepiei caminho!

Pus-me a correr em sentido contrário...

Abri mão de tudo...

Matriculei-me na escola — digo, no tonel — de Diógenes, o cínico de Sinope, o filósofo máximo do niilismo negativo.

Despossuí-me de todas as posses, a ver se o nadir da indigência me redimia do zênite da opulência.

E proclamei ao mundo a nova sapiência da vacuidade beatífica.

Fiz-me arauto da filosofia austera do ascetismo do nada, inebriei-me da solitude do deserto, enamorei-me da frialdade das cavernas mortas, orgulhei-me do *nada* da minha renúncia, como outros se orgulham do *tudo* da sua cobiça, eu, o milionário da indigência...

No duro alambique da minha presunção, destilei do vinho rubro da minha insipiência o sutilíssimo álcool do meu negro pessimismo, a quintessência da minha filosofia niilista, proclamando ao mundo estupefato que *a Felicidade consistia em nada possuir que o mundo me pudesse tirar e em nada desejar que o mundo me pudesse dar*!...

E retirei-me ao meu tonel, para dormir o sono dos justos...

* * *

E acordei — só Deus sabe por que inaudito milagre — aos pés do Nazareno...

Não trajava manto de púrpura, como Epicuro, nem andava desnudo, como Diógenes...

Escutei atentamente o que diziam esses lábios estranhos...

E ouvi estas palavras, brevíssimas e imensas:

"Bem-aventurados os pobres pelo espírito...

Bem-aventurados os puros de coração...

Bem-aventurados os que têm fome e sede de justiça...

Se algum de vós quiser ser grande, seja o servidor de todos...

Há mais felicidade em dar do que em receber..."

Por momentos, senti vertigens, em face de tão vastos horizontes,

E trevas inundaram-me os olhos, com tão intensa claridade...

Compreendi, então, que minha missão não era *receber para possuir*, nem tampouco *recusar-me a receber*, mas, sim, *receber para dar*...

Compreendi que eu, no vasto plano da ordem cósmica, era um recipiente e conduto por onde fluir deviam as dádivas de Deus, para os filhos de Deus...

Desobstruí, então, os meus canais obstruídos, alarguei os meus espaços internos, expandi o âmbito da minha consciência, rompi a estreita clausura do pequeno Ego, ergui as mãos vazias do grande *Tu*, e baixei-as à terra, repletas de dons divinos, que espargi aos incontáveis *Nós* que me cercavam, famintos e sequiosos...

Dei do que tinha — dei em grande profusão...

Mas verifiquei que era apenas meio caminho andado, dar daquilo que tinha...

Dei-me, então, a mim mesmo...

Depois de dar aos homens do que era meu, dei-lhes o próprio Eu...

Depois de lhes distribuir dos frutos da minha árvore, dei-lhes a própria árvore, o pé que os frutos produzira...

E disse-lhes: "Tomai-me e comei-me! Tomai-me e bebei-me!

Eu não sou meu — eu sou vosso!...

Desde que me desegofiquei e perdi o meu pequeno ego humano no grande Tu divino, também me universalizei em *Vós*, Irmãos da grande família de Deus"...

Desde então, somos um só coração e uma só alma...

* * *

Quem procura ser feliz, por uma técnica direta, nunca será feliz...

A Felicidade não é algo que o homem possa produzir, manufaturar.

A Felicidade é um presente do céu que, de um modo misterioso e infalível, cai no regaço do homem que só pensa em fazer felizes os outros...

Certa noite, quis acender a luz elétrica, dei meia-volta à chave, mas a luz não acendeu...

E, no entanto, estava intato o fio que ligava a lâmpada à usina.

Vi, então, que o fio que devolvia a corrente elétrica à sua fonte estava partido...

Só existia caminho para a *ida*, mas não para a *volta*, do misterioso fluido, que só opera com ida e volta.

E não havia luz, por falta de circuito completo...

Para haver luz, não basta que o receptor *receba* a corrente da usina — é necessário também que *dê* e devolva o que recebeu, porque luz é atividade dinâmica, e não substância estática.

A dinâmica, porém, precisa de polaridade, dois pólos, um pólo de *egresso* — e um pólo de *regresso*; um ponto de *partida* — e um ponto de *retorno*.

Quando a lâmpada humana só quer receber, sem dar o recebido, não terá luz, por falta de circulação completa.

Mas, assim que começa a dar o que recebeu, está cheia de luz!

Deus de minha alma! Quantos anos e decênios levei para compreender esta verdade! Que o *desejo de receber* sem a *vontade de dar* me esteriliza, me deixa nas trevas, me atrofia a personalidade, me faz uma peça morta de museu, em vez de um organismo vivo do teu jardim!... Produz arteriosclerose em minha alma, por falta de uma circulação normal das seivas vitais... Faz apodrecer as minhas águas, como as de um lago sem escoadouro...

Mas... pergunta o meu inveterado egoísmo... Como posso dar algo a Deus, se ele é a infinita Plenitude? Como posso devolver à Usina Divina as correntes que daí vieram?

Olhei em derredor — e vi milhares de homens, mulheres, crianças, ricos, pobres, sábios, ignorantes, sãos, doentes...

E todos eles necessitavam daquilo que eu recebera de Deus...

E ouvi uma voz que me dizia: "O que fizerdes ao mais pequenino de meus irmãos, a mim é que fazeis"...

Olhei novamente — e eis que todos esses seres humanos eram outros tantos receptáculos de Deus, estações receptoras, pólos negativos com os quais eu podia ligar o meu pólo positivo, e assim pôr em permanente circulação os dons que do Grande Gerador recebera...

Foi o que fiz...

E eis que minha alma convalesceu da sua longa enfermidade de querer receber para a exuberante saúde de querer dar do que tem — e dar o que é...

Etapas da minha jornada a Deus

Lembras-te ainda, Senhor, do tempo profano, quando eu via o teu mundo — sem ti?

Quando eu via ao redor de mim tantos artefatos — sem ver o Artífice?

Quando os meus olhos corpóreos só enxergavam efeitos — sem nenhuma causa?

Quando o prisma multicor dessa desconcertante pluralidade dos fenômenos periféricos me ocultava a Luz incolor da tua unidade central?

Naquele tempo, procurava eu gozar em cheio o mundo — sem ti, o Senhor dos mundos.

Tão grande era a minha cegueira — que considerava ciência...

Ignorava a minha própria ignorância — e eu a essa ignorância da ignorância é que chamava sapiência...

Corria loucamente no enlace dos reflexos solares — afastando-me cada vez mais do foco da luz...

Qual criança ignara, dava incessante caça às lindas borboletas dos prazeres, das glórias, das ambições terrenas...

E, muitas vezes, ao fechar os dedos, cuidava segurar uma dessas voadoras fugazes...

Mas... não era a linda borboleta — eram apenas uns pozinhos das suas asas diáfanas que me ficavam na ponta dos dedos...

E a fantástica borboleta dos meus sonhos profanos andava longe, cada vez mais longe...

Pelos espaços além...

E eu chorava a minha grande vacuidade,

Plena de desejos impossíveis...

* * *

Disse, então, ao meu coração:
Desistirei dessa caça macabra!
Deixarei de sonhar esses sonhos sem conteúdo!
Fecharei os olhos para as sedutoras fata-morganas,
No vasto deserto da minha vida!...
Renunciarei a todas as coisas belas e gratas da existência!...
Fugirei das ilusões do mundo periférico,
E demandarei a verdade do centro divino!
Assim decidi comigo —
E assim fiz...
Voltei as costas a todas as borboletas tentadoras.
Detestei posses e glórias, prazeres e diversões...
Desertei de família e sociedade.
Maldisse negócios e indústria.
Cobri de fel o nome de ciências e artes.
Anatematizei a civilização e a cultura, como engodos de Satanás!...
Retirei-me à solidão, à silenciosa Tebaida de minh'alma, ao taciturno deserto da vida espiritual... a sós contigo, meu Deus...
Meu ermo...
Minha noite...
Meu abismo...
Minha solicitude...
Meu tudo...
Meu nada...
Meu tormento...
Minha angústia...
Minha doce amargura...
Minha amarga doçura...
Minha Esfinge...
Meu insondável Mistério...
Cerrei todas as portas em derredor,
Para que ser algum me disturbasse...
Para que som algum quebrasse o meu silêncio...
Nem réstia de luz invadisse o meu sagrado tabu...
Onde eu estava a sós contigo, meu Deus...

112

* * *

Eis senão quando — não sei onde, nem como, nem por que — despontou sobre mim, dentro de mim, a tua grande alvorada, Senhor!...

Quando mais profunda e intensa era a divina centralidade em que eu vivia, uma voz potente e suave, como o rebombar do trovão, como o tanger de cítaras, rasgou o silêncio e as trevas da minha ermida:

"Eu sou o Deus da plenitude — e não da vacuidade!

Eu sou o Senhor da abundância — e não da indigência!

Eu sou o creador de mundos transbordantes de vida — e não de desertos mortos!

Eu habito na vasta catedral do universo multicor — e não na monotonia incolor de cemitérios!

O meu espírito eterno palpita em cada um dos seres temporais!

Eu, a Causa única e universal do cosmos, vivo e exulto em cada um dos efeitos que produzi!

Homem! Não procures o mundo fora de mim!

Homem! Não me procures fora do mundo!

Homem! Procura-me no mundo, e procura o mundo em mim!

E me acharás e possuirás, assim como eu sou, em toda a plenitude, em toda a beatitude!"...

Assim trovejava aquela voz matutina, em grande silêncio,

E eu percebi esse silencioso trovão, esse trovejante silêncio, com os ouvidos de minh'alma...

Ocaram-se, dentro de mim, o nadir e o zênite...

O meu abismo e as alturas da Divindade...

Acordei para a grande realidade...

Para a realidade total do Deus do mundo e do mundo de Deus...

* * *

E, de olhos abertos e coração alerta, prossegui a minha vasta jornada, no universo de Deus...

E comecei a viver...

Ressuscitei...

Tangeram os sinos da Páscoa...

Entoei a grande aleluia...

Depois de ter feito a viagem da periferia para o centro, empreendi a jornada do centro à periferia — e eis que o mundo era outro!

Já não era esse mundo material, pesado, profano — era um mundo espiritual, leve, sagrado...

Esse mesmo mundo de ontem, eu o via hoje numa luz nova, à luz de Deus que em mim amanhecera...

As flores me acenavam ao longo dos caminhos — e Deus brilhava no matiz das suas pétalas...

Os insetos zumbiam por entre a ramagem — e Deus cantava na voz dos insetos...

A cascata saltava dos rochedos — e Deus brincava no movimento das águas...

Os relâmpagos riscavam de fogo o negror das nuvens — e os coriscos escreviam no céu o nome de Deus...

Arqueava-se o arco-íris nas cinzentas alturas — e Deus passeava sobre essa ponte de sete cores...

Florescia um rosal à beira da estrada — e recebi uma mensagem de perfumes divinos...

Vi umas crianças a caminho da escola — e Deus me sorriu nessas pupilas cheias de luz e candura...

Defrontei com minha velha inimiga, a Dor — e eis que era um anjo de Deus, vestido de crepe, com o silêncio nos lábios fechados, mas com o fulgor da imortalidade nos olhos abertos...

Penetrei nas vastas metrópoles dos homens,

Subi às acrópoles da ciência e da arte,

Percorri o deslumbrante cosmorama de cultura que os filhos dos homens desdobraram sobre a face da terra — e por toda parte percebi o ingente esforço dos mortais para conquistar a imortalidade, a despeito de ignorâncias e erros, de derrotas e fracassos...

E compreendi que a minha missão, aqui na terra, é ajudar os homens a conhecer-te, ó Deus ignoto, assim como tu me ajudaste a conhecer-te...

E sinto-me feliz, imensamente feliz, em ser teu ajudante, Senhor, teu cooperador, teu servo, no meio dos homens...

Desde então, já não há na minha vida dias vazios, horas tristonhas, momentos de desespero, porque, sempre e por toda parte, tu estás comigo, e eu estou contigo, meu Senhor, meu amigo...

Também, como podia eu estar triste, um só instante, eu, sócio e colaborador da infinita Alegria, da eterna Beatitude?

Como podia eu recear derrotas, quando ando de mãos dadas com o Onipotente, com o Sempre-Venturoso, com o Inderrotável?

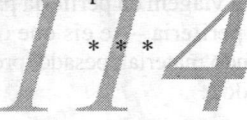

* * *

Uma só graça te peço, meu Senhor e Amigo:
Não soltes a minha mão!
Segura-a sempre, bem firme!
Bem firme dentro da tua mão!

Tua mão, Senhor, é tão grande que a não posso abranger e segurar devidamente...

Minha mão é tão pequena que a podes plenamente envolver com tua mão divina, e segurá-la bem firme, sem jamais largá-la...

Nada posso fazer sem ti,
Tudo posso fazer contigo...

Quero passar o meu céu, aqui na terra, trabalhando por que os homens te conheçam, Senhor, te amem, te sirvam e sejam felizes em ti, como eu sou feliz em ti, meu Senhor e meu Amigo...

Vida eterna

Como te amo, minha doce vida!

Apesar de todos os sofrimentos e desenganos, apesar de todas as agruras e amarguras, a despeito de todas as dores e dissabores, não obstante as desilusões de amigos e as perfídias de inimigos — eu te amo, eu te adoro, com todas as veras de minh'alma, ó minha doce vida humana!...

Como é bom viver!

E como seria triste não ser!...

O mais pobre do "ser" é sempre melhor que o "não ser"...

E como me horrorizava, outrora, o pensamento de que eu, algum dia, pudesse não ser...

Que milhares e milhões de sorridentes madrugadas primaveris e suaves tardes outonais pudessem rolar sobre a face da terra — sem mim!... Sem que eu fosse!... Sem que eu vivesse!...

Que alegres passarinhos pudessem cantar na verde ramagem, que paraísos de flores exalassem pelo ambiente os seus perfumes, que multicores arco-íris se arqueassem por sobre as nuvens — à minha revelia!...

Que homens e mulheres sem conta pudessem continuar a viver, a sorrir, a amar — sem que eu fosse um desses felizardos...

Como me horrorizava a perspectiva de que o derradeiro estertor do meu peito moribundo pudesse ser o ponto final da minha existência... Que o último suspiro dos meus lábios exangues fosse o definitivo adeus da minha vida... da minha doce vida humana... que as marteladas cavas sobre a tampa do meu ataúde, e o eco sinistro das últimas pazadas de terra sobre o meu caixão no fundo do túmulo aberto fossem o eterno amém desses trinta, cinqüenta, oitenta anos de peregrinação terrestre...

Que depois viesse o grande silêncio... as trevas eternas... o misterioso abismo... o vácuo... o nada...

* * *

Invoquei todos os artifícios da lógica, todos os argumentos da filosofia, todas as luzes da ciência, todos os dogmas da religião, para afugentar o horripilante pesadelo, para me convencer da realidade ou, pelo menos, da possibilidade de uma vida eterna...

Pois que valor tinha a vida presente, se não havia vida futura?...
Que adiantava viver, se não havia um sempre-viver?...
Que sentido tinha essa dança macabra de poucos decênios, essa efêmera comédia terrestre, se, finalmente, tudo acabava num punhado de cinzas?...

Lancei mão de todos os argumentos tradicionais da ciência, da filosofia, da religião — mas não encontrei definitiva quietação para minha grande inquietude, minha soluçante inquietude metafísica... para a chaga viva o meu coração ávido de vida eterna...

* * *

Disse eu, então, à minha alma chagada e insatisfeita:

Esquece-te dessas coisas incertas de amanhã e vive as coisas certas de hoje!

Como, bebe, goza as delícias da vida presente, de que tens plena certeza, e não penses numa problemática vida futura, de que nada se pode saber!

E lancei-me aos braços das coisas deleitáveis da vida de hoje, fechando os olhos para as possíveis ou impossíveis coisas de amanhã...

Por algum tempo cuidava eu ter afugentado o espectro macabro das cogitações de após-morte... Por algum tempo consegui embriagar minha alma com o vinho capitoso da ignorância, do pouco-caso, da indiferença, da abstração artificial, da cegueira voluntária... com uma violenta auto-sugestão, com uma acintosa alucinação sobre a não-existência de uma vida após-morte.

E minh'alma, temporariamente narcotizada, achou algum sossego diante de si mesma, graças a essa anestesia artificial... a esse suave clorofórmio da ignorância voluntária...

Prazeres, negócios, ambições, vaidades, sociedades, jogos, diversões, amores, ciências e artes — tantas outras brilhantes vacuidades —, tudo isso me serviu de cortina de fumaça para ocultar a meus olhos os horizontes do além... demasiadamente tristes, na sua desoladora vacuidade...

Consegui embalar, por algum tempo, a pobre criança soluçante de minh'alma insatisfeita...

Mas... quando ela acordou do violento letargo, foi imensa a sua revolta... irresistível a sua veemência... a veemência da sua natureza divina...

Como as águas de uma grande torrente, longamente represadas por muralhas graníticas, acabam, finalmente, por arrasar os diques, e se espraiam por vastas regiões em derredor — assim aconteceu com minh'alma narcotizada, quando acordou...

Em horas de profunda solidão, de silêncio, de introspecção, percebia eu, ao longe, como que um gotejar de lágrimas, como as nostalgias de um exilado, o clamor de minha alma, imagem e semelhança de Deus...

* * *

Abandonei, então, todas as veredas antigas, todas as teorias da minha inteligência analítica, todos os sofismas do meu orgulho pessoal, todas as especulações especificamente humanas — e lancei-me, sem reserva, às águas profundas e misteriosas da Divindade... em humilde oração, em intensa meditação, em prolongada comunhão com Deus...

Numa completa e incondicional imolação do meu pequeno Eu individual na ara sagrada do Tu Universal...

Numa radical emigração de mim mesmo, e numa irrevogável imigração para dentro de Deus...

E depois dessa longa odisséia de dores, depois desse lúgubre Getsêmani de agonias anônimas, depois dessa sanguinolenta via-sacra de renúncias, depois desse horroroso Gólgota de crucifixões do "homem velho" — nasceu em mim o "homem novo"...

Despontou, enfim, o que eu tanto almejara, e jamais alcançara...

Despontou dentro de mim a suave aurora de uma certeza serena, calma, absoluta, espontânea, da vida eterna... da imortalidade...

E veio-me essa certeza por caminhos diferentes daqueles em que eu andara.

Não como fruto de estudos e especulações teóricas, nem como a aceitação de um dogma sectário,

Mas como resultado natural, como o fruto maduro de uma vida de compreensão e de amor sincero e universal para com todas as criaturas de Deus...

A certeza da imortalidade não é algo que se deva *compreender* — mas é algo que se deve *viver*, que se deve *ser*.

Quem não vive a vida eterna, agora e sempre, aqui e por toda parte, esse não tem certeza dessa vida gloriosa...

Quem não vive a imortalidade, vinte e quatro horas por dia, não sabe o que ela é.

A vida eterna, porém, é esta: o amor eterno e universal...

Onde ainda existe um resquício de egoísmo, de desamor, lá não impera ainda a vida eterna, a dulcíssima certeza da imortalidade...

A definitiva certeza que o verdadeiro iniciado tem da vida eterna não está em livros sacros, igrejas, dogmas, templos — por mais que essas coisas possam, por vezes, servir de meios para chegar a esse fim supremo.

A certeza da imortalidade é, para o iniciado, tão evidente, tão imediata, tão direta e tão espontânea como a própria existência terrestre.

Dúvida sobre Deus e sobre a vida eterna do homem é, para ele, tão impossível como seria a dúvida sobre si mesmo...

Sente-se imortal, sem nenhum argumento, pela certeza interna sabe que todo o universo coopera para a sua felicidade, agora e para sempre, desde que o homem fundiu a sua pequena vida individual com a grande Vida Universal da Divindade...

Quando a maior parte dos homens atingir esse grau de certeza imediata sobre a sua imortalidade, será proclamado o reino de Deus sobre a face da terra...

O reino do amor universal...

O reino da felicidade eterna...

O baluarte dentro da alma

Há muitos anos que tenho procurado definir algo indefinível, a experiência com Deus, a intuição mística, a vidência espiritual — ou que outro nome tenha...

Essa coisa anônima, mas imensa e inefável, que o homem experimenta nas horas mais humanas e mais divinas de sua vida.

Finalmente, acabei por desistir de definir o indefinível.

O que, todavia, sei é o seguinte: que todo homem que teve o seu encontro pessoal com Deus sabe que existe dentro de sua alma um lugar seguro, um baluarte inexpugnável, uma fortaleza indestrutível, para dentro da qual pode a alma refugiar-se em pleno campo de batalha, em pleno furor da tempestade, e viver em profunda paz e serenidade interior.

Isso sei por experiência, Senhor, embora ignore que nome tenha essa misteriosa cidadela do meu interior, que descobri na hora divinal em que me encontrei contigo, meu Deus e meu tudo.

* * *

E mais outra coisa sei eu, por experiência pessoal: que se achará fechado e obstruído o caminho para esse lugar seguro dentro de mim, no mesmo instante em que eu abandonar o código *absoluto* de ética, substituindo-o por algum código moral *relativo*.

Qualquer mentira ou insinceridade, qualquer descaridade ou rancor, qualquer egoísmo ou sensualismo, qualquer exploração ou venalidade de caráter — fecham-me, com estranho obstáculo, o baluarte interior...

Logo me sinto fraco, vulnerável, exposto a todos os ataques, navio sem leme, mastros desarvorados, à mercê de todas as tormentas...

E, por mais que eu procure e forceje por reaver, por outros meios, a paz interior, não o consigo...

Por mais que eu tente ter acesso a esse lugar seguro, perdido, pelos atalhos de política humana, pela mais astuta camuflagem dos motivos do meu agir, pelas mais inteligentes tortuosidades da minha vida — não consigo reaver o lugar seguro dentro de mim, onde a paz habita, onde cantam os anjos de Deus, onde se sorri através das lágrimas...

Uma só coisa me pode reabrir o caminho à inexpugnável cidadela de minha alma... é um regresso sincero e incondicional a um código de ética *absoluto*!

É a abjuração de todos os códigos de conduta *relativos*!

É a renúncia a todas as atitudes penumbristas, a todas as políticas de compromisso, a todas as covardias oportunistas, a todas as mentiras convencionais, a todos os conchavos com a hipocrisia, a toda a venalidade de consciência, a toda a mancomunação com o meu egoísmo...

Só essa atitude pura, sincera, cristalina, da verdade incondicional e irrestrita, é que me pode reabrir o caminho para aquele lugar seguro dentro de mim, onde a paz habita, onde cantam os anjos de Deus, onde se pode sorrir através de lágrimas, onde se arqueia o arco-íris da bonança por cima de todos os dilúvios da vida...

* * *

Meu Senhor e meu Deus!

Faze com que eu ache e conserve esse baluarte da alma!

Dá-me uma fé tão potente e tão ardente que com a plenitude da sua riqueza encha todas as vacuidades da minha pobreza...

Dá-me uma alegria tão profunda e vasta que suavize todas as amarguras que sempre encontro no fundo das minhas taças...

Dá-me uma coragem tão inabalável que não tenha medo das sombras sinistras da cruz...

Dá-me paz e serenidade tão imperturbáveis que não se alterem nem com os louvores de amigos nem com os vitupérios de inimigos...

Dá-me a ti mesmo, Senhor, porque sem ti o meu próprio Eu me é insuportável...

De ti é que vim, em ti estou, a ti voltarei — é essa toda a minha filosofia, o meu mundo inteiro...

Fizeste-me para ti, Senhor, e inquieto está o meu coração até que ache quietação em ti...

Solilóquio com a Morte

Antes e depois da iniciação espiritual

Lembras-te, ó Morte, como eu te odiava naquele tempo?...
Naquele tempo quando eu te via como horripilante esqueleto, de ossos descarnados e lisa caveira sem olhos...

Odiava-te com todas as forças com que a Vida odeia a não-vida, a assassina de todas as suas grandezas...

Odiava-te, ó Morte, com a mesma veemência cósmica com que amava a minha vida e tudo quanto ela tinha de belo e querido...

Quando te via, espectro macabro ombreando fatídica foice, voltava depressa a página do livro onde te haviam pintado, e procurava apagar da fantasia o feio pesadelo...

Quando passava por uma dessas necrópoles onde dominas soberana, acelerava o passo, cantarolava ou falava alto comigo mesmo, para não pensar nos teus tétricos horrores...

Quando te julgava perto de mim, a rondar-me disfarçada em dores e moléstias, lançava mão de todas as armas da ciência médica para te afugentar quanto antes e à maior distância possível...

Não permitia que alguém mencionasse o teu nome em minha presença...

Assim te odiava eu nesse tempo, ó Morte, porque me haviam dito que tu eras o avesso da vida, a grande noite que ensombreava o outro hemisfério da nossa existência...

* * *

Há muito tempo que fiz as pazes contigo, ó Morte.
Hoje, te amo como amiga querida.
Verdade é que não há sorriso nos teus lábios, hirtos, imóveis, como o semblante de Ísis, como os lábios da grande Esfinge a contemplar o deserto...

Mas há em teus olhos um oceano de paz, um universo de indizível serenidade...

E há para além, muito além dessas pupilas, algo de grande e solene, algo de profundo e sublime, que faz adivinhar clarões de eternidade... mistérios anônimos... praias longínquas... melodias estranhas... amor infinito... inefável beatitude... vida eterna...

Por isso, ó grande inimiga de ontem, és minha amiga querida de hoje...

Morri espontaneamente antes que tu me fizesses morrer compulsoriamente...

E essa morte voluntária me libertou dos horrores da morte necessária...

"Se o grão de trigo não morrer, ficará estéril — mas, se morrer, produzirá muito fruto"...

"Pela alegria que tenho em Cristo Jesus, protesto que morro todos os dias — no entanto, vivo, não, não sou eu que vivo: o Cristo é que vive em mim"...

Verifiquei a verdade imensa deste estranho paradoxo: que só pode viver em verdadeira paz e alegria quem morreu para as coisas mortais e só vive para o mundo imortal...

Mas tu sabes, ó Morte, o que vai entre esse *ontem* e esse *hoje*...

Medeia um mar tão vasto e tão negro que me parecia o próprio inferno de Satanás...

Para chegar às praias luminosas dessa grande paz e serenidade, tive de beber as trevas noturnas de um oceano de fel e de lágrimas...

Tive de submergir, de corpo e alma, nesse pélago de fogo sinistro...

Tive de derrubar do trono todos os ídolos e fetiches queridos de antanho...

Tive de internar-me num deserto imenso de solidão, de incompreensão da parte de parentes e amigos, que me consideravam anormal, doente, louco, herege, ateu...

* * *

Até que, um dia, vi surgir das lúgubres profundezas desse mar uma flor de lótus...

Mística flor de compreensão...

Níveo lótus de iniciação espiritual...

Pairando, silencioso, dormente, à tona das águas sinistras, semelhava lúcida estrela em plena noite...

Branco farol e exalar suave claridade pelo vácuo taciturno em derredor...

À luz alva dessa estrela polar dissiparam-se as últimas trevas que dentro de mim negrejavam...

E foi então, ó Morte, que o ódio que eu tinha amanheceu numa grande aurora de compreensão, de amizade, de amor...

Vi refletida nos teus lábios de Esfinge a serenidade desse mar...

Vi nos teus olhos o jubiloso mistério dessa flor de lótus...

Com as raízes nas sinistras profundezas das águas — e com as pétalas a balouçar na vasta superfície azul, abertas aos tépidos beijos dos raios solares...

Fizemos as pazes, depois de tão longa guerra...

Celebramos o nosso místico noivado...

Em grande silêncio...

Em profunda serenidade...

Como os lábios da Esfinge...

Como o semblante de Ísis...

Como as pétalas do lótus...

* * *

O que dentro de mim se passou, nessas noites de parturição espiritual, nem eu o sei, nem tu o sabes — só Deus o poderia dizer...

Pois o que se sabe não se pode dizer — e o que se diz não se sabe...

O que sei é que, desde então, me sinto como que do outro lado de uma vasta torrente, de um profundo abismo, de um grande mar...

Sinto-me leve e etéreo, como a luz, como o espírito, como um sopro de Deus...

Sinto-me como que redimido de todas as irredenções de outrora...

Sinto-me com vontade de ser amigo de todos, abraçar o mundo inteiro, extinguir todos os ódios sobre a face da terra, enxugar todas as lágrimas, fazer felizes todos os infelizes e fazer mais felizes ainda os que já são felizes...

Muitas vezes, porém, me sinto como que alienígena em terra do meu nascimento.

Falta-me, por vezes, o contato habitual com a sociedade...

A língua que os outros falam me parece estranha... E, quando eu falo, ninguém parece compreender-me... Entreolham-se... dão de ombros... meneiam a cabeça — e seguem o seu caminho...

Será que eu não falo mais a língua da minha terra e da minha gente?...

Os homens correm, riem, gesticulam, fazem negócios como sempre — mas eu já não compreendo o porquê dessa comédia cotidiana... Será que esses homens estão doentes?... A que vêm todas essas farsas?...

Ou será que eu estou doente?... Será que a espiritualidade é algo anormal, mórbido?...

Procuro viver à luz da flor de lótus e segundo a sabedoria que me veio das grandes alturas e das magnas profundezas — mas os homens sensatos não permitem que um insensato como eu viva no mundo dos sensatos...

Compreendi então, ó Morte, a razão por que os homens sensatos te odeiam...

Só uns poucos conseguem curar-se dessa "sensatez"...

Mas esses poucos são, em geral, desconhecidos da sociedade humana...

Vivem longe dos centros da "sensatez", lá onde florescem os lótus, em silêncio, à claridade solar...

Hoje eu sei, com infalível certeza, que espiritualidade é saúde, a verdadeira saúde e perfeita sanidade da alma...

E, dentro dessa vigorosa saúde, sei que certas coisas que os homens tomam por miragens e quimeras são mais reais que todas as supostas realidades dos homens.

Compreendi que há mais realidade na força do espírito do que no espírito da força...

Compreendi que é melhor sofrer mil injustiças do que cometer uma só...

Compreendi que todas as violências dos profanos são mais fracas que a paciência de um iniciado...

Compreendi que há maior grandeza em dar um copo de água a um sedento do que em conquistar o mundo inteiro à força de armas ou de política...

Compreendi até esta coisa incompreensível: que o único meio de acabar com os inimigos não é matando-os, mas amando-os...

Compreendi que a morte não é o fim da vida, mas a transição desta semivida de hoje para a plenivida de amanhã...

Compreendi que não se morre para morrer — mas para viver mais abundantemente...

Morre-se, não para dentro do vácuo — mas para dentro da grande plenitude...

Compreendi que a morte do homem espiritual não é um salto mortal para dentro das trevas — mas um salto vital para dentro da luz...

E, à luz dessa grande compreensão espiritual, até as coisas da vida cotidiana mudaram de aspecto, aureoladas de uns reflexos dessa luz divina...

O mundo em derredor continua mais ou menos o mesmo — mas eu já não sou o mesmo, e por isso o mundo em derredor me parece diferente...

Pois não vemos o mundo como ele é — mas, sim, como nós somos...

Para um homem espiritual todas as coisas aparecem espiritualizadas...

É ele o único homem que pode usar e gozar, sem remorsos nem arrependimento, as coisas do mundo material...

Porque as usa e goza dentro da sua espiritualidade...

"Se o grão de trigo não morrer, ficará estéril — mas, se morrer, produzirá muito fruto"...

Morreu o pequenino grãozinho do meu acanhado Ego humano, do meu estreito egoísmo unilateral — e por isso nasceu a vigorosa planta do meu vasto Eu espiritual, do meu amplo altruísmo onilateral...

Saí do túmulo do pequenino Ego humano...

Ressuscitei para o mundo do grande Tu divino...

Aleluia!...

Após a grande inflação

Ilumina, Senhor, a minha mente, para que eu conheça a verdade integral sobre mim mesmo — sobre a desvalorização total de todos os valores da minha vida, a verdade total sobre a grande inflação da minha existência, sobre o nada de tudo que ora rege a minha vida terrestre!

Quando virá essa grande inflação?
Ainda este ano?
É possível...
Morrem cada ano mais de cinqüenta milhões de seres humanos —
Talvez eu seja um deles, ainda este ano...
E, se não for este ano, será daqui a poucos anos, quando muito daqui a alguns decênios...
Mas que são dez, vinte, cinqüenta, mesmo oitenta anos?
Um segundo apenas em face da interminável eternidade, que se segue após esses poucos segundos da existência terrestre...
E eu sou eterno, imortal...
Que é que regia e governava a minha vida?
Que é que enchia os meus olhos de luz ou de lágrimas?...
Valores caducos, fictícios, ilusórios...
Dinheiro, ambições, prazeres — três deslumbrantes vacuidades,
A vacuidade da fortuna,
A vacuidade da glória,
A vacuidade dos prazeres...
Três grandes zeros repletos de desoladora vacuidade...
Três pseudovalores que, daqui a pouco, serão desvalorizados para sempre...
Voltando ao abismo do nada, donde surgiram, como fantásticas miragens no vasto deserto da minha vida...

E eu, que tão rico e feliz me julgava, na posse desses pseudo-valores, me verei de mãos vazias, indigente, mendigo absoluto...

Porque tudo isso, que tão sólido me parecia, se desfará em nada... será apreendido como contrabando, lá nas fronteiras do Além...

Nada disso passará para além das fronteiras do mundo material, para as regiões da espiritualidade...

Nada, nem um átomo sequer, daquilo para o qual eu vivi, trabalhei, sofri, pequei e morri.

Deus do céu!

Como é possível que um homem seja vítima de tão extrema cegueira, de tão estupenda ignorância, de tão deplorável insipiência?...

Como é possível que alguém sacrifique a vida inteira por algo que não o acompanha para além da sepultura? Que morre com o último estertor dos seus lábios moribundos, com a derradeira pulsação do seu coração, com o eco da última pazada de terra sobre o seu ataúde?

Como é possível que alguém seja tão insipiente — e que esse "alguém" seja eu?...

Como pode o homem ter gosto em possuir o que não pode possuir para sempre?...

Lutar vinte e quatro horas por dia, trezentos e sessenta e cinco dias por ano, durante vinte, cinquenta ou oitenta anos, a vida inteira, por algo que, ele sabe, se desvanecerá, finalmente, como um pouco de fumaça vã no ar?...

* * *

Ilumina, Senhor, a minha mente, e fortalece o meu coração, para que eu compreenda, finalmente, definitivamente, jubilosamente, que é suprema sabedoria, e inefável felicidade, viver, lutar e sofrer por aquilo que é eterno, imperecível — e que é isso senão Tu mesmo, Senhor,

Tu e o teu reino, dentro e fora de mim?

"A vida eterna, porém, é esta: que os homens te conheçam a ti, como o único Deus verdadeiro"...

Conhecer-te é amar-te, amar-te de todo o coração, de toda a alma, de toda a mente, e com todas as forças — e amar tudo o que amas, sobretudo os seres humanos, criados à tua imagem e semelhança...

Também, como poderia eu amar-te, Senhor, e desamar o que tu amas?

Como poderia eu cometer tão horrível sacrilégio, tão abominável mentira?...

Conhecer-te é amar-te.

Amar-te é amar tudo que tu amas —

Essa é toda a religião,

Esse é o cristianismo integral.

Isso é o alfa e o ômega de toda a sabedoria...

Isso é a vida eterna, agora e para todo o sempre....

* * *

Ilumina, Senhor, a minha mente, e fortalece o meu coração, para que eu, realmente, ame tudo que tu amas, e assim como tu amas todos os seres... que existem no vasto âmbito do teu universo...

Do cosmo material e espiritual que de ti emanou...

Tu amas os átomos e os astros,

Tu amas as plantas e os animais,

Tu amas os homens e os anjos,

Tu amas os bons a os maus,

Fazes nascer o teu sol sobre justos e injustos, e descer chuva benéfica sobre santos e pecadores...

Donde me vem, pois, essa insipiência de querer fazer distinção entre os seres do teu universo?

De querer amar uns e desamar outros?

De chamar a um grupo meus amigos — e a outro grupo meus inimigos?

É possível que alguém, insipiente, seja meu inimigo — eu, porém, declaro, irrevogavelmente, que não sou inimigo de ninguém, porque, sendo amigo teu, meu Creador, já não posso ser inimigo de nenhuma das tuas creaturas...

Reconheço-as todas como irmãos e irmãs, como membros da tua grande família, da nossa família universal...

Como poderia eu, que me considero cristão, ser um anti-Cristo? Fazer justamente o contrário daquilo que fez o teu grande Cristo?

Deveras, Senhor, não sei de que mais pasmar:

Se da minha arrogância — se da minha ignorância! Se da minha perversidade — se da minha falta de lógica!...

Tu, porém, Senhor, iluminaste a minha mente e fortaleceste o meu coração.

Amanheceu no horizonte da minha vida a tua grande luz...

Penetrou-me o coração a tua grande força...

De hoje em diante — graças, não às minhas obras, mas à obra da tua graça —, hoje e para todo o sempre sei que tu és a única Realidade eterna, que o teu reino é o único valor real.

Sei que viver à luz dessa verdade é sabedoria, é beatitude, é alegria, é felicidade, é vida eterna...

* * *

Continua, pois, Senhor, a iluminar a minha mente

Continua a fortalecer o meu coração, para que nunca se extinga dentro de mim essa luz, para que nunca enfraqueça dentro de mim essa força...

Penetra-me com o teu espírito a tal ponto que nenhuma injustiça me faça injusto, que nenhuma ingratidão me faça ingrato, que nenhuma amargura me faça amargo.

Extingue dentro de mim, Senhor, esse desejo impuro de querer ser reconhecido, louvado, amado, adulado, de querer receber dos meus beneficiados o prêmio dos meus benefícios!

Senhor, eu só quero ser bom porque tu és bom...

Eu só quero fazer o bem porque tu fazes o bem...

Uma vez que sou o que tu és, quero ser também assim como tu és...

Se sou o que tu és, quero também fazer o que tu fazes...

Quero proclamar o reino dos céus sobre a terra, sendo bom, integralmente bom, e fazendo bem a todos por causa do bem...

Seja tão potente em mim a força do teu espírito, Senhor, que minha alma exulte em perene juventude, embora o meu corpo siga o caminho da decadência...

Que eu atravesse, firme, sereno, sorridente, as angústias de todos os Getsêmanis, e os opróbrios de todos os Gólgotas da existência, com os olhos fitos nos fulgores da grande Páscoa, com os ouvidos alertas às eternas aleluias do teu reino...

Amém, amém, amém...

Em busca do reino de Deus

Onde está o teu reino, Senhor? O reino dos céus...?
Há longos anos, dolorosos decênios, que estou em busca do teu reino, Senhor, do reino da verdade e da vida, da paz e da beatitude...

Por toda parte...

Em humildes capelas e amplas catedrais, em longas jornadas e devotas peregrinações, tenho procurado o teu reino, Senhor, por toda parte...

De norte a sul, de leste a oeste, indagando, pesquisando, estudando, analisando... chorando e gemendo meus cantos de dor...

E em parte alguma encontrei o teu reino, Senhor, o reino dos céus...

E então disse eu a mim mesmo, à minh'alma cheia de dor e tristeza:

Existirá algures, à face da terra, o reino de Deus?...

Como poderia existir o reino de Deus, se por toda parte impera o reino de Satanás?...

* * *

Mas... escuta!...

Na mais profunda escuridão da minha noite, da noite de minh'alma, entreouvi uma voz, a voz de um grande silêncio... uma voz divina dentro de mim...

Escutei o que me dizia a voz taciturna:

"O meu reino não é deste mundo!
O meu reino não vem de fora,
Não vem com observâncias externas...
Não nasce de fórmulas e ritos humanos...

Não é percebido pelos sentidos, nem é concebido pelo intelecto...

Meu reino é do Terceiro Céu, para além do céu da física do *sentir*, para além do céu da metafísica do *inteligir*,

Meu reino é do céu espiritual do *intuir*... O meu reino brota das íntimas profundezas do teu ser, da essência divina da tua alma, imagem e semelhança minha!...

Entra no *sancta sanctorum* do teu verdadeiro Eu, longe de todos os teus pseudo-eus, abisma-te na luminosa escuridão de tua alma eterna — e lá me acharás...

Porque eu sou a essência de todas as coisas, eu sou a alma de tua alma, eu sou o alfa e o ômega do universo de fora, e do universo de dentro...

Eu sou a periferia, e o centro...

Eu sou o grande AUM...

O eterno e universal Amém de todos os seres, que em mim se movem, vivem e têm o seu ser.

Descobre-me, e descobrirás a verdade sobre ti mesmo!

Descobre-te, e saberás quem sou eu!

O meu reino está dentro de ti, mas tu o ignoras!

Conhece a Verdade, que sou Eu, e a Verdade te libertará da inverdade, das trevas da ignorância, das algemas do erro! De todos os tormentos do ego, de todas as torturas da vida...

Entrarás na posse da liberdade, da gloriosa liberdade dos filhos de Deus"...

* * *

Assim falava o silêncio daquela voz, que vinha do Além, do Além do meu interior, da zona noturna do meu próprio Eu, da mais longínqua distância, da mais propínqua proximidade, da vasta transcendência do universo, da profunda imanência do Deus da minh'alma, do foco divino do meu ser...

E eu escutava, escutava, escutava... essa inefável melodia, essa mensagem de Deus, dentro de mim...

E iniciei a minha jornada vertical, para dentro de mim mesmo, distanciando-me de todas as horizontalidades do mundo em derredor...

Longe de todas as periferias profanas, rumo ao centro sagrado, dentro de mim mesmo...

E surgiu a meus olhos uma grande luz,

Deus!...

Não como essas pseudoluzes que os sentidos percebem, nem como essas semiluzes que o intelecto concebe — mas como essa pleniluz que a alma saboreia, quando inebriada de Deus...

Submergi nesse oceano luminoso, sem praias nem fundo...

Banhei minh'alma nesse incêndio de amor...

Dissolvi meu pequenino Ego humano no grande Tu divino...

Diluí a minúscula gotinha do meu ser no mar imenso da Divindade...

Emigrei de mim mesmo e imigrei para dentro de Deus...

Perdi de vista o mundo de Deus, inebriado do Deus do mundo, cantando a hosana da beatitude eterna, o aleluia da minha ressurreição em Deus...

* * *

Mas, quando voltei do meu centro divino para a periferia humana de mim mesmo, e corri os olhos em derredor, pelas coisas várias deste mundo circunjacente, descobri o reino de Deus por toda parte, mesmo lá onde não o suspeitara...

Descobri o reino de Deus na minha igreja, e nas igrejas dos outros...

Vejo Deus numa gotinha d'água, e nas flores do campo... nas aves do céu e nas feras da selva.

Vejo Deus em átomos e astros, na luz e nas trevas, na vida e na morte, no amargor das lágrimas e no fulgor dos sorrisos, no silêncio da natureza e na eloqüência das obras humanas...

Por toda parte eu vejo Deus, depois que o descobri em mim mesmo...

Reconciliei-me com o mundo de Deus, depois que fiz as pazes com o Deus do mundo...

Tracei a profunda vertical da minha mística através da vasta horizontal da minha ética — e eis que da junção das duas linhas resultou uma cruz!

O símbolo da redenção!...

E eu me sinto redimido, deliciosamente redento, de todas as irredenções de outrora, de todos os cruciantes problemas da vida, da vida sem Deus...

E uma paz imensa, profunda, eterna, inefável apoderou-se de todo o meu ser...

Achei o reino de Deus...
O Deus do mundo, no mundo de Deus...
O Deus em mim, e a mim mesmo em Deus...
Aleluia!...

DADOS BIOGRÁFICOS

Huberto Rohden

Nasceu na antiga região de Tubarão, hoje São Ludgero, Santa Catarina, Brasil, em 1893. Fez os primeiros estudos no Rio Grande do Sul. Formou-se em Ciências, Filosofia e Teologia em universidades da Europa — Innsbruck (Áustria), Valkenburg (Holanda) e Nápoles (Itália).

De regresso ao Brasil, trabalhou como professor, conferencista e escritor. Publicou mais de 65 obras sobre ciência, filosofia e religião, entre as quais várias foram traduzidas para outras línguas, inclusive para o esperanto; algumas existem em braile, para institutos de cegos.

Rohden não era filiado a nenhuma igreja, seita ou partido político. Fundou e dirigiu o movimento filosófico e espiritual mundial Alvorada.

De 1945 a 1946 teve uma bolsa de estudos para pesquisas científicas, na Universidade de Princeton, New Jersey (Estados Unidos), onde conviveu com Albert Einstein e lançou os alicerces para o movimento de âmbito mundial da Filosofia Univérsica, tomando por base do pensamento e da vida humana a constituição do próprio Universo, evidenciando a afinidade entre Matemática, Metafísica e Mística.

Em 1946, Huberto Rohden foi convidado pela American University, de Washington, D.C., para reger as cátedras de Filosofia Universal e de Religiões Comparadas, cargo este que exerceu durante cinco anos.

Durante a última Guerra Mundial foi convidado pelo Bureau of Inter-American Affairs, de Washington, para fazer parte do corpo de tradutores das notícias de guerra, do inglês para o português. Ainda na American University, de Washington, fundou o Brazilian Center, centro cultural brasileiro, com o fim de manter intercâmbio cultural entre o Brasil e os Estados Unidos.

Na capital dos Estados Unidos, Rohden freqüentou, durante três anos, o Golden Lotus Temple, onde foi iniciado em Kriya Yoga por Swami Premananda, diretor hindu desse *ashram*.

Ao fim de sua permanência nos Estados Unidos, Huberto Rohden foi convidado para fazer parte do corpo docente da nova International Christian University (ICU) de Metaka, Japão, a fim de reger as cátedras de Filosofia Universal e Religiões Comparadas; mas, por causa da guerra na Coréia, a universidade japonesa não foi inaugurada, e Rohden regressou ao Brasil. Em São Paulo foi nomeado professor de Filosofia na Universidade Mackenzie, cargo do qual não tomou posse.

Em 1952, fundou em São Paulo a Instituição Cultural e Beneficente Alvorada, onde mantinha cursos permanentes em São Paulo, Rio de Janeiro e Goiânia, sobre Filosofia Univérsica e Filosofia do Evangelho, e dirigia Casas de Retiro Espiritual (*ashrams*) em diversos estados do Brasil.

Em 1969, Huberto Rohden empreendeu viagens de estudo e experiência espiritual pela Palestina, Egito, Índia e Nepal, realizando diversas conferências com grupos de iogues na Índia.

Em 1976, Rohden foi chamado a Portugal para fazer conferências sobre autoconhecimento e auto-realização. Em Lisboa fundou um setor do Centro de Auto-Realização Alvorada.

Nos últimos anos, Rohden residia na capital de São Paulo, onde permanecia alguns dias da semana escrevendo e reescrevendo seus livros, nos textos definitivos. Costumava passar três dias da semana no *ashram*, em contato com a natureza, plantando árvores, flores ou trabalhando no seu apiário-modelo.

Quando estava na capital, Rohden freqüentava periodicamente a editora responsável pela publicação de seus livros, dando-lhe orientação cultural e inspiração.

À zero hora do dia 8 de outubro de 1981, após longa internação em uma clínica naturista de São Paulo, aos 87 anos, o Prof. Huberto Rohden partiu deste mundo e do convívio de seus amigos e discípulos. Suas últimas palavras em estado consciente foram: "Eu vim para servir à Humanidade".

Rohden deixa, para as gerações futuras, um legado cultural e um exemplo de fé e trabalho somente comparados aos dos grandes homens do século XX.

Huberto Rohden é o principal editando da Editora Martin Claret.

Relação de obras do Prof. Huberto Rohden

Coleção Filosofia Universal

O pensamento filosófico da Antiguidade
A filosofia contemporânea
O espírito da filosofia oriental

Coleção Filosofia do Evangelho

Filosofia cósmica do Evangelho
O Sermão da Montanha
Assim dizia o Mestre
O triunfo da vida sobre a morte
O nosso Mestre

Coleção Filosofia da Vida

De alma para alma
Ídolos ou ideal?
Escalando o Himalaia
O caminho da felicidade
Deus
Em espírito e verdade
Em comunhão com Deus
Cosmorama
Por que sofremos

Lúcifer e Logos
A grande libertação
Bhagavad Gita (tradução)
Setas para o Infinito
Entre dois mundos
Minhas vivências na Palestina, Egito e Índia
Filosofia da arte
A arte de curar pelo espírito. Autor: Joel Goldsmith (tradução)
Orientando para a auto-realização
"Que vos parece do Cristo?"
Educação do homem integral
Dias de grande paz (tradução)
O drama milenar do Cristo e do anti-Cristo
Luzes e sombras da alvorada
Roteiro cósmico
A metafísica do cristianismo
A voz do silêncio
Tao Te Ching de Lao-tse (tradução) — ilustrado
Sabedoria das parábolas
O 5º Evangelho segundo Tomé (tradução)
A nova humanidade
A mensagem viva do Cristo (Os quatro Evangelhos — tradução)
Rumo à consciência cósmica
O homem
Estratégias de Lúcifer
O homem e o Universo
Imperativos da vida
Profanos e iniciados
Novo Testamento
Lampejos evangélicos
O Cristo cósmico e os essênios
A experiência cósmica

Coleção Mistérios da Natureza

Maravilhas do Universo
Alegorias
Ísis
Por mundos ignotos

Coleção Biografias

Paulo de Tarso
Agostinho
Por um ideal — 2 vols. — autobiografia
Mahatma Gandhi — ilustrado
Jesus Nazareno — 2 vols.
Einstein — O enigma do universo — ilustrado
Pascal — ilustrado
Myriam

Coleção Opúsculos

Saúde e felicidade pela cosmo-meditação
Catecismo da filosofia
Assim dizia Mahatma Gandhi (100 pensamentos)
Aconteceu entre 2000 e 3000
Ciência, milagre e oração são compatíveis?
Centros de Auto-Realização

142

Índice

Advertência 11
Prefácio dos editores 13

EM COMUNHÃO COM DEUS

Prefácio 17

Primeira parte
Colóquios com os homens

Infelicidade inconsciente 25
Infelicidade consciente 27
Felicidade consciente 31
Rumo ao mundo espiritual 35
Alvorada de uma vida nova 43
Como entrar em comunhão com Deus? 49
Por que muitos homens não progridem na comunhão
com Deus 59
Meditação, contemplação, oração 63
Algumas técnicas para favorecer a comunhão com Deus 71

Segunda Parte
Solilóquios com Deus

Explicação necessária 91
Venho a ti, Senhor 93
Ó Cristo eterno e onipresente! 95

Colóquio com o Eterno 97
Alvorada de minha vida 101
Canção de minha alma 107
Etapas da minha jornada a Deus 111
Vida eterna 117
O baluarte dentro da alma 121
Solilóquio com a Morte 123
Após a grande inflação 129
Em busca do reino de Deus 133

Dados biográficos 137
Relação das obras de Huberto Rohden 140

Os Objetivos, a Filosofia e a Missão da Editora Martin Claret

O principal Objetivo da MARTIN CLARET é continuar a desenvolver uma grande e poderosa empresa editorial brasileira, para melhor servir a seus leitores.

A Filosofia de trabalho da MARTIN CLARET consiste em criar, inovar, produzir e distribuir, sinergicamente, livros da melhor qualidade editorial e gráfica, para o maior número de leitores e por um preço economicamente acessível.

A Missão da MARTIN CLARET é conscientizar e motivar as pessoas a desenvolver e utilizar o seu pleno potencial espiritual, mental, emocional e social.

A MARTIN CLARET está empenhada em contribuir para a difusão da educação e da cultura, por meio da democratização do livro, usando todos os canais ortodoxos e heterodoxos de comercialização.

A MARTIN CLARET, em sua missão empresarial, acredita na verdadeira função do livro: o livro muda as pessoas.

A MARTIN CLARET, em sua vocação educacional, deseja, por meio do livro, claretizar, otimizar e iluminar a vida das pessoas.

Revolucione-se: leia mais para ser mais!

MARTIN CLARET

Relação dos Volumes Publicados

1. **Dom Casmurro** — Machado de Assis
2. **O Príncipe** — Maquiavel
3. **Mensagem** — Fernando Pessoa
4. **O Lobo do Mar** — Jack London
5. **A Arte da Prudência** — Baltasar Gracián
6. **Iracema / Cinco Minutos** — José de Alencar
7. **Inocência** — Visconde de Taunay
8. **A Mulher de 30 Anos** — Honoré de Balzac
9. **A Moreninha** — Joaquim Manuel de Macedo
10. **A Escrava Isaura** — Bernardo Guimarães
11. **As Viagens - "Il Milione"** — Marco Polo
12. **O Retrato de Dorian Gray** — Oscar Wilde
13. **A Volta ao Mundo em 80 Dias** — Júlio Verne
14. **A Carne** — Júlio Ribeiro
15. **Amor de Perdição** — Camilo Castelo Branco
16. **Sonetos** — Luís de Camões
17. **O Guarani** — José de Alencar
18. **Memórias Póstumas de Brás Cubas** — Machado de Assis
19. **Lira dos Vinte Anos** — Álvares de Azevedo
20. **Apologia de Sócrates / Banquete** — Platão
21. **A Metamorfose / Um Artista da Fome / Carta a Meu Pai** — Franz Kafka
22. **Assim Falou Zaratustra** — Friedrich Nietzsche
23. **Triste Fim de Policarpo Quaresma** — Lima Barreto
24. **A Ilustre Casa de Ramires** — Eça de Queirós
25. **Memórias de um Sargento de Milícias** — Manuel Antônio de Almeida
26. **Robinson Crusoé** — Daniel Defoe
27. **Espumas Flutuantes** — Castro Alves
28. **O Ateneu** — Raul Pompéia
29. **O Noviço / O Juiz de Paz da Roça / Quem Casa Quer Casa** — Martins Pena
30. **A Relíquia** — Eça de Queirós
31. **O Jogador** — Dostoiévski
32. **Histórias Extraordinárias** — Edgar Allan Poe
33. **Os Lusíadas** — Luís de Camões
34. **As Aventuras de Tom Sawyer** — Mark Twain
35. **Bola de Sebo e Outros Contos** — Guy de Maupassant
36. **A República** — Platão
37. **Elogio da Loucura** — Erasmo de Rotterdam
38. **Caninos Brancos** — Jack London
39. **Hamlet** — William Shakespeare
40. **A Utopia** — Thomas More
41. **O Processo** — Franz Kafka
42. **O Médico e o Monstro** — Robert Louis Stevenson
43. **Ecce Homo** — Friedrich Nietzsche
44. **O Manifesto do Partido Comunista** — Marx e Engels
45. **Discurso do Método / Regras para a Direção do Espírito** — René Descartes
46. **Do Contrato Social** — Jean-Jacques Rousseau
47. **A Luta pelo Direito** — Rudolf von Ihering
48. **Dos Delitos e das Penas** — Cesare Beccaria
49. **A Ética Protestante e o Espírito do Capitalismo** — Max Weber
50. **O Anticristo** — Friedrich Nietzsche
51. **Os Sofrimentos do Jovem Werther** — Goethe
52. **As Flores do Mal** — Charles Baudelaire
53. **Ética a Nicômaco** — Aristóteles
54. **A Arte da Guerra** — Sun Tzu
55. **Imitação de Cristo** — Tomás de Kempis
56. **Cândido ou o Otimismo** — Voltaire
57. **Rei Lear** — William Shakespeare
58. **Frankenstein** — Mary Shelley
59. **Quincas Borba** — Machado de Assis
60. **Fedro** — Platão
61. **Política** — Aristóteles
62. **A Viuvinha / Encarnação** — José de Alencar
63. **As Regras do Método Sociológico** — Émile Durkheim
64. **O Cão dos Baskervilles** — Sir Arthur Conan Doyle
65. **Contos Escolhidos** — Machado de Assis
66. **Da Morte / Metafísica do Amor / Do Sofrimento do Mundo** — Arthur Schopenhauer
67. **As Minas do Rei Salomão** — Henry Rider Haggard
68. **Manuscritos Econômico-Filosóficos** — Karl Marx
69. **Um Estudo em Vermelho** — Sir Arthur Conan Doyle
70. **Meditações** — Marco Aurélio
71. **A Vida das Abelhas** — Maurice Materlinck
72. **O Cortiço** — Aluísio Azevedo
73. **Senhora** — José de Alencar
74. **Brás, Bexiga e Barra Funda / Laranja da China** — Antônio de Alcântara Machado
75. **Eugênia Grandet** — Honoré de Balzac
76. **Contos Gauchescos** — João Simões Lopes Neto
77. **Esaú e Jacó** — Machado de Assis
78. **O Desespero Humano** — Sören Kierkegaard
79. **Dos Deveres** — Cícero
80. **Ciência e Política** — Max Weber
81. **Satíricon** — Petrônio
82. **Eu e Outras Poesias** — Augusto dos Anjos
83. **Farsa de Inês Pereira / Auto da Barca do Inferno / Auto da Alma** — Gil Vicente
84. **A Desobediência Civil e Outros Escritos** — Henry David Toreau
85. **Para Além do Bem e do Mal** — Friedrich Nietzsche
86. **A Ilha do Tesouro** — R. Louis Stevenson
87. **Marília de Dirceu** — Tomás A. Gonzaga
88. **As Aventuras de Pinóquio** — Carlo Collodi
89. **Segundo Tratado Sobre o Governo** — John Locke
90. **Amor de Salvação** — Camilo Castelo Branco
91. **Broquéis / Faróis / Últimos Sonetos** — Cruz e Souza
92. **I-Juca-Pirama / Os Timbiras / Outros Poemas** — Gonçalves Dias
93. **Romeu e Julieta** — William Shakespeare
94. **A Capital Federal** — Arthur Azevedo
95. **Diário de um Sedutor** — Sören Kierkegaard
96. **Carta de Pero Vaz de Caminha a El-Rei Sobre o Achamento do Brasil**
97. **Casa de Pensão** — Aluísio Azevedo
98. **Macbeth** — William Shakespeare
99. **Édipo Rei / Antígona** — Sófocles
100. **Lucíola** — José de Alencar
101. **As Aventuras de Sherlock Holmes** — Sir Arthur Conan Doyle
102. **Bom-Crioulo** — Adolfo Caminha
103. **Helena** — Machado de Assis
104. **Poemas Satíricos** — Gregório de Matos

105. **Escritos Políticos / A Arte da Guerra**
Maquiavel

106. **Ubirajara**
José de Alencar

107. **Diva**
José de Alencar

108. **Eurico, o Presbítero**
Alexandre Herculano

109. **Os Melhores Contos**
Lima Barreto

110. **A Luneta Mágica**
Joaquim Manuel de Macedo

111. **Fundamentação da Metafísica dos Costumes e Outros Escritos**
Immanuel Kant

112. **O Príncipe e o Mendigo**
Mark Twain

113. **O Domínio de Si Mesmo pela Auto-Sugestão Consciente**
Émile Coué

114. **O Mulato**
Aluísio Azevedo

115. **Sonetos**
Florbela Espanca

116. **Uma Estadia no Inferno / Poemas / Carta do Vidente**
Arthur Rimbaud

117. **Várias Histórias**
Machado de Assis

118. **Fédon**
Platão

119. **Poesias**
Olavo Bilac

120. **A Conduta para a Vida**
Ralph Waldo Emerson

121. **O Livro Vermelho**
Mao Tsé-Tung

122. **Oração aos Moços**
Rui Barbosa

123. **Otelo, o Mouro de Veneza**
William Shakespeare

124. **Ensaios**
Ralph Waldo Emerson

125. **De Profundis / Balada do Cárcere de Reading**
Oscar Wilde

126. **Crítica da Razão Prática**
Immanuel Kant

127. **A Arte de Amar**
Ovídio Naso

128. **O Tartufo ou O Impostor**
Molière

129. **Metamorfoses**
Ovídio Naso

130. **A Gaia Ciência**
Friedrich Nietzsche

131. **O Doente Imaginário**
Molière

132. **De Uma Lágrima de Mulher**
Aluísio Azevedo

133. **O Último Adeus de Sherlock Holmes**
Sir Arthur Conan Doyle

134. **Canudos - Diário de Uma Expedição**
Euclides da Cunha

135. **A Doutrina de Buda**
Siddharta Gautama

136. **Tao Te Ching**
Lao-Tsé

137. **Da Monarquia / Vida Nova**
Dante Alighieri

138. **A Brasileira de Prazins**
Camilo Castelo Branco

139. **O Velho da Horta/Quem Tem Farelos?/Auto da Índia**
Gil Vicente

140. **O Seminarista**
Bernardo Guimarães

141. **O Alienista / Casa Velha**
Machado de Assis

142. **Sonetos**
Manuel du Bocage

143. **O Mandarim**
Eça de Queirós

144. **Noite na Taverna / Macário**
Álvares de Azevedo

145. **Viagens na Minha Terra**
Almeida Garrett

146. **Sermões Escolhidos**
Padre Antonio Vieira

147. **Os Escravos**
Castro Alves

148. **O Demônio Familiar**
José de Alencar

149. **A Mandrágora / Belfagor, o Arquidiabo**
Maquiavel

150. **O Homem**
Aluísio Azevedo

151. **Arte Poética**
Aristóteles

152. **A Megera Domada**
William Shakespeare

153. **Alceste/Electra/Hipólito**
Eurípedes

154. **O Sermão da Montanha**
Huberto Rohden

155. **O Cabeleira**
Franklin Távora

156. **Rubáiyát**
Omar Khayyâm

157. **Luzia-Homem**
Domingos Olímpio

158. **A Cidade e as Serras**
Eça de Queirós

159. **A Retirada da Laguna**
Visconde de Taunay

160. **A Viagem ao Centro da Terra**
Júlio Verne

161. **Caramuru**
Frei Santa Rita Durão

162. **Clara dos Anjos**
Lima Barreto

163. **Memorial de Aires**
Machado de Assis

164. **Bhagavad Gita**
Krishna

165. **O Profeta**
Khalil Gibran

166. **Aforismos**
Hipócrates

167. **Kama Sutra**
Vatsyayana

168. **O Livro da Jângal**
Rudyard Kipling

169. **De Alma para Alma**
Huberto Rohden

170. **Orações**
Cícero

171. **Sabedoria das Parábolas**
Huberto Rohden

172. **Salomé**
Oscar Wilde

173. **Do Cidadão**
Thomas Hobbes

174. **Porque Sofremos**
Huberto Rohden

175. **Einstein: o Enigma do Universo**
Huberto Rohden

176. **A Mensagem Viva do Cristo**
Huberto Rohden

177. **Mahatma Gandhi**
Huberto Rohden

178. **A Cidade do Sol**
Tommaso Campanella

179. **Setas para o Infinito**
Huberto Rohden

180. **A Voz do Silêncio**
Helena Blavatsky

181. **Frei Luís de Sousa**
Almeida Garrett

182. **Fábulas**
Esopo

183. **Cântico de Natal/Os Carrilhões**
Charles Dickens

184. **Contos**
Eça de Queirós

185. **O Pai Goriot**
Honoré de Balzac

186. **Noites Brancas e Outras Histórias**
Dostoiévski

187. **Minha Formação**
Joaquim Nabuco

188. **Pragmatismo**
William James

189. **Discursos Forenses**
Enrico Ferri

190. **Medéia**
Eurípedes

191. **Discursos de Acusação**
Enrico Ferri

192. **A Ideologia Alemã**
Marx & Engels

193. **Prometeu Acorrentado**
Ésquilo

194. **Iaiá Garcia**
Machado de Assis

195. **Discursos no Instituto dos Advogados Brasileiros / Discurso no Colégio Anchieta**
Rui Barbosa

196. **Édipo em Colono**
Sófocles

197. **A Arte de Curar pelo Espírito**
Joel S. Goldsmith

198. **Jesus, o Filho do Homem**
Khalil Gibran

199. **Discurso sobre a Origem e os Fundamentos da Desigualdade entre os Homens**
Jean-Jacques Rousseau

200. **Fábulas**
La Fontaine

201. **O Sonho de uma Noite de Verão**
William Shakespeare

202. **Maquiavel, o Poder**
José Nivaldo Junior

203. **Ressurreição**
Machado de Assis

204. **O Caminho da Felicidade**
Huberto Rohden

205. **A Velhice do Padre Eterno**
Guerra Junqueiro

206. **O Sertanejo**
José de Alencar

207. **Gitanjali**
Rabindranath Tagore

208. **Senso Comum**
Thomas Paine

209. **Canaã**
Graça Aranha

210. **O Caminho Infinito**
Joel S. Goldsmith

211. **Pensamentos**
Epicuro

212. **A Letra Escarlate**
Nathaniel Hawthorne

213. **Autobiografia**
Benjamin Franklin
214. **Memórias de Sherlock Holmes**
Sir Arthur Conan Doyle
215. **O Dever do Advogado / Posse de Direitos Pessoais**
Rui Barbosa
216. **O Tronco do Ipê**
José de Alencar
217. **O Amante de Lady Chatterley**
D. H. Lawrence
218. **Contos Amazônicos**
Inglês de Souza
219. **A Tempestade**
William Shakespeare
220. **Ondas**
Euclides da Cunha
221. **Educação do Homem Integral**
Huberto Rohden
222. **Novos Rumos para a Educação**
Huberto Rohden
223. **Mulherzinhas**
Louise May Alcott
224. **A Mão e a Luva**
Machado de Assis
225. **A Morte de Ivan Ilicht / Senhores e Servos**
Leon Tolstói
226. **Álcoois**
Apollinaire
227. **Pais e Filhos**
Ivan Turguêniev
228. **Alice no País das Maravilhas**
Lewis Carroll
229. **À Margem da História**
Euclides da Cunha
230. **Viagem ao Brasil**
Hans Staden
231. **O Quinto Evangelho**
Tomé
232. **Lorde Jim**
Joseph Conrad
233. **Cartas Chilenas**
Tomás António Gonzaga
234. **Odes Modernas**
Anntero de Quental
235. **Do Cativeiro Babilônico da Igreja**
Martinho Lutero
236. **O Coração das Trevas**
Joseph Conrad
237. **Thais**
Anatole France
238. **Andrômaca / Fedra**
Racine
239. **As Catilinárias**
Cícero
240. **Recordações da Casa dos Mortos**
Dostoiévski
241. **O Mercador de Veneza**
William Shakespeare
242. **A Filha do Capitão / A Dama de Espadas**
Aleksandr Púchkin
243. **Orgulho e Preconceito**
Jane Austen
244. **A Volta do Parafuso**
Henry James
245. **O Gaúcho**
José de Alencar
246. **Tristão e Isolda**
Lenda Medieval Celta de Amor
247. **Poemas Completos de Alberto Caeiro**
Fernando Pessoa
248. **Maiakóvski**
Vida e Poesia
249. **Sonetos**
William Shakespeare
250. **Poesia de Ricardo Reis**
Fernando Pessoa
251. **Papéis Avulsos**
Machado de Assis
252. **Contos Fluminenses**
Machado de Assis
253. **O Bobo**
Alexandre Herculano
254. **A Oração da Coroa**
Demóstenes
255. **O Castelo**
Franz Kafka
256. **O Trovejar do Silêncio**
Joel S. Goldsmith
257. **Alice na Casa dos Espelhos**
Lewis Carrol
258. **Miséria da Filosofia**
Karl Marx
259. **Júlio César**
William Shakespeare
260. **Antônio e Cleópatra**
William Shakespeare
261. **Filosofia da Arte**
Huberto Rohden
262. **A Alma Encantadora das Ruas**
João do Rio
263. **O Normalista**
Adolfo Caminha
264. **Pollyanna**
Eleanor H. Porter
265. **As Pupilas do Senhor Reitor**
Júlio Diniz
266. **As Primaveras**
Casimiro de Abreu
270. **Cancioneiro**
Fernando Pessoa
272. **O Divórcio / As Bases da Fé / e outros textos**
Rui Barbosa
273. **Pollyanna Moça**
Eleanor H. Porter
274. **O 18 Brumário de Luís Bonaparte**
Karl Marx
277. **Em Comunhão com Deus**
Huberto Rohden

SÉRIE OURO
(Livros com mais de 400 p.)

1. **Leviatã**
Thomas Hobbes
2. **A Cidade Antiga**
Fustel de Coulanges
3. **Crítica da Razão Pura**
Immanuel Kant
4. **Confissões**
Santo Agostinho
5. **Os Sertões**
Euclides da Cunha
6. **Dicionário Filosófico**
Voltaire
7. **A Divina Comédia**
Dante Alighieri
8. **Ética Demonstrada à Maneira dos Geômetras**
Baruch de Spinoza
9. **Do Espírito das Leis**
Montesquieu
10. **O Primo Basílio**
Eça de Queirós
11. **O Crime do Padre Amaro**
Eça de Queirós
12. **Crime e Castigo**
Dostoiévski
13. **Fausto**
Goethe
14. **O Suicídio**
Emile Durkheim
15. **Odisséia**
Homero
16. **Paraíso Perdido**
John Milton
17. **Drácula**
Bram Stocker
18. **Ilíada**
Homero
19. **As Aventuras de Huckleberry Finn**
Mark Twain
20. **Paulo – O 13º Apóstolo**
Ernest Renan
21. **Eneida**
Virgílio
22. **Pensamentos**
Blaise Pascal
23. **A Origem das Espécies**
Charles Darwin
24. **Vida de Jesus**
Ernest Renan
25. **Moby Dick**
Herman Melville
26. **Os Irmãos Karamazovi**
Dostoiévski
27. **O Morro dos Ventos Uivantes**
Emily Brontë
28. **Vinte Mil Léguas Submarinas**
Júlio Verne
29. **Madame Bovary**
Gustave Flaubert
30. **O Vermelho e o Negro**
Stendhal
31. **Os Trabalhadores do Mar**
Victor Hugo
32. **A Vida dos Doze Césares**
Suetônio
34. **O Idiota**
Dostoiévski
35. **Paulo de Tarso**
Huberto Rohden
36. **O Peregrino**
John Bunyan
37. **As Profecias**
Nostradamus
38. **Novo Testamento**
Huberto Rohden
39. **O Corcunda de Notre Dame**
Victor Hugo
40. **Arte de Furtar**
Anônimo do século XVII
41. **Germinal**
Émile Zola
42. **Folhas de Relva**
Walt Whitman
43. **Ben-Hur — Uma História dos Tempos de Cristo**
Lew Wallace
44. **Os Maias**
Eça de Queirós
45. **O Livro da Mitologia**
Thomas Bulfinch
47. **Poesia de Álvaro de Campos**
Fernando Pessoa
48. **Jesus Nazareno**
Huberto Rohden

49. **Grandes Esperanças**
    Charles Dickens
50. **A Educação Sentimental**
    Gustave Flaubert
51. **O Conde de Monte Cristo (Volume I)**
    Alexandre Dumas
52. **O Conde de Monte Cristo (Volume II)**
    Alexandre Dumas
53. **Os Miseráveis (Volume I)**
    Victor Hugo
54. **Os Miseráveis (Volume II)**
    Victor Hugo
55. **Dom Quixote de La Mancha (Volume I)**
    Miguel de Cervantes
56. **Dom Quixote de La Mancha (Volume II)**
    Miguel de Cervantes
58. **Contos Escolhidos**
    Artur Azevedo